颠覆 营销

大数据时代的商业革命

陈杰豪 著
车品觉 共笔

中信出版集团·CHINA CITIC PRESS·北京

图书在版编目（CIP）数据

颠覆营销 / 陈杰豪著 .—北京：中信出版社，
2016.3
ISBN 978-7-5086-5830-8

Ⅰ. ①颠… Ⅱ. ①陈… Ⅲ. ①营销–研究
Ⅳ. ①F713.3

中国版本图书馆CIP数据核字〔2016〕第 002640 号

本书由台湾远见天下文化出版股份有限公司授权出版，限在中国大陆地区发行

颠覆营销

著　　者：陈杰豪　车品觉（共笔）
策划推广：中信出版社（China CITIC Press）
出版发行：中信出版集团股份有限公司
　　　　　（北京市朝阳区惠新东街甲4号富盛大厦2座　邮编　100029）
　　　　　（CITIC Publishing Group）
承　印　者：山东临沂新华印刷物流集团有限责任公司

开　　本：880mm×1230mm　1/32　　　印　　张：8.25　　　字　　数：120千字
版　　次：2016年6月第1版　　　　　　印　　次：2016年6月第2次印刷
广告经营许可证：京朝工商广字第8087号
书　　号：ISBN 978-7-5086-5830-8 / F · 3570
定　　价：49.00元

版权所有·侵权必究
凡购本社图书，如有缺页、倒页、脱页，由发行公司负责退换。
服务热线：010-84849555　　服务传真：010-84849000
投稿邮箱：author@citicpub.com

目录

推荐序一　大数据"多即少，少即多"　车品觉　VII

推荐序二　数据是营销的朋友　罗振宇　IX

推荐序三　大数据时代思想方法更重要　韩亦舜　XI

推荐序四　你大数据了没？　康翔泰　XV

自序　Better Tomorrow（更好的明天），用大数据改变世界　陈杰豪　XIX

PART 1　打一场《回到未来》之战　/ 001

不再雾里看花
成败不在数据，观点决定一切　/ 014

克服盲人摸象
问对问题，才能找对答案　/ 022

20/80 法则
不是大就美，小而准的数据含金量更高　/ 031

零时差营销
从旧 4P 到新 4P，预测下次购买时间　/ 038

大数据+厚数据
数据会说话？说话的是人　/ 048

PART 2　把手按在顾客的脉搏上　/ 057

人口统计营销 vs 大数据营销
男女并不重要，动机与行为才是关键　/ 066

被动分析 vs 预测分析
只要跑得快？能预测终点才是赢家！　/ 072

活动找人 vs 人找活动
不必再将就，100 万种营销同时上线　/ 078

人力密集 vs 数据密集
你是靠工人智能，还是人工智能？　/ 083

有形调查 vs 无形侦查
还在发问卷？Log（日志）侦查喜好立现　/ 087

检讨报告 vs 实验报告
还在写悔过书？D.I.E.T. 做中学　/ 091

PART 3　转动大数据，魔鬼藏在 3 个细节里　/ 099

电商如何有效招揽顾客？
阿里巴巴：动态标签，掌握顾客 DNA　/ 108

食品业如何做到精准营销？
雀巢：找到现金牛 VVIP　/ 116

零售业如何不必再猜顾客心？
黛安芬：钻石型顾客关系管理　/ 124

如何让电影叫好又叫座？
电影 VOD：评分模型预测最强演员阵容　/ 132

文化业只能是小众市场吗？
文艺产业：用顾客 DNA 交叉营销　／ 140

餐饮业如何经营老客
云海肴贴心掌握味蕾觉醒的时机　／ 147

PART 4　拿旧地图怎么找到新行星　／ 155

你能带公司跳上火箭吗？
领导者必须改变的 9 件事　／ 159

今天的营销战，7 天前就预知
营销人必须改变的 9 件事　／ 169

PART 5　我与车品觉的邂逅　／ 181

大数据颠覆零售业
顾客是谁，人脸辨识一眼就知　／ 185

大数据颠覆金融业
我的信用分数，我做决定　／ 189

大数据颠覆保险业
保费缴多少，社交网站的内容决定　／ 193

大数据颠覆证券业
比别人早 1 分钟预见股票走势　／ 197

大数据颠覆房地产中介
选房神器，帮你挑好房　／ 201

大数据颠覆医疗业
找医生看病,就像订机票 / 205

大数据颠覆人力资源业
学校就业率,就是你的就业率 / 208

大数据颠覆影视业
下一部《纸牌屋》,演员阵容在哪里? / 211

大数据颠覆游戏业
玩家数据,是营销利器吗? / 215

大数据颠覆农业
种菜卖菜,先看数字怎么说 / 219

结语 对于大数据未来趋势的判断 / 223

大数据"多即少,少即多"

车品觉
阿里巴巴集团副总裁
中国信息协会大数据分会副会长
中国计算数学学会理事

无论是大公司还是小公司,我见过的几乎所有大数据成功例子都是"一把手"工程。公司的管理层越了解数据的价值,大数据落地的成功概率就越高。这也是为什么我一直希望见到一本能让管理者看得懂,清楚解释大数据能为企业带来什么的书籍。

数据作为一种新的原料,它可以用之不尽,也可以让你物无所用。其中的关键在于,资料从收集、存储、刷新、辨识、关联、挖掘、决策到行动,是一条很长的链条,中间的各个环节环环相扣又互相作用。想要自如地使用大数据,就需要我们把科学、工程和商业三者有机地结合起来。

数据技术与商业模式密不可分,到底应该以商业为本去收集资料,还是先把数据收集起来,等到未来有机会再用?

我觉得这个问题是没有绝对答案的，我们应该问的反而是：What is the business（什么是商业）？

了解商业是使用数据的前提，一切从业务问题出发，不要为了数据而数据，才可以得心应手地使用数据去描述现状、诊断问题、预测各种可能，以及有效地帮助制定业务决策并指挥行动。

根据我过去几年的经验，好的数据科学家越来越难求，而能驾驭大数据的商务人才更是稀缺。每个人都听说大数据的价值是巨大的，但对于很多公司来说，其实它既虚无缥缈又难以掌控。

我觉得要解决难以落地这个问题，必须要把大数据科普到商业世界中，聪明的CEO（首席执行官）们都应该带头去了解大数据是什么。盲目地投资大数据和原地踏步其实都很危险。可惜现今在市场上看到的却都是反其道而行之，满街都是把大数据概念化的书籍。

《颠覆营销》这本书，正好能深入浅出地讲解如何用数据去说明营销，内容由浅入深，通俗易懂，值得每个从事数据和营销的人阅读。

当然了，我们不能幻想这个世界存在一本绝世秘籍，而是需要根据自己的实际情况，不断从实践中摸索。

大数据的实践也正好体现了中国前贤的智慧中"多即少，少即多"的道理。

推荐序二

数据是营销的朋友

罗振宇
罗辑思维创始人

愿意帮这本书讲上两句的理由很简单。推荐这本书的不是别人，是大家口中常常提到的"数据明灯"车品觉。这的确勾起了我的好奇心。这本书要颠覆的是许多营销人根深蒂固的观念，数据是朋友不是路人。不久前我在跨年演讲中说到了一个观点："我不站在企业家对面，而是站在他的身后，用数据重新呈现他看到的世界，这是媒体最有价值的信息开发。"数据本质上也是从营销人身后的角度去看待一个新时代力量的崛起、壮大与介入，这是股不可忽视的力量，它顺应潮流，势不可挡。

大数据讲的人多，做的人少。不但做过大数据，还能把曾经做过的数据案例讲得生动易懂，《颠覆营销》确实表现得可圈可点。

大数据时代思想方法更重要

韩亦舜
清华大学数据科学研究院执行副院长

各种营销手段早已令人眼花缭乱，但究其本质都是在研究客户（消费者），研究客户的所想、所需，使产品或服务有的放矢。大数据时代又为之创造了新名词：精准营销。大数据最先应用的领域多为面对客户的行业，最先应用的情景也多为精准营销。

"酒好也怕巷子深"，产品或服务的信息要送达客户才可能促成交易。一般认为，向客户传达产品或服务信息要靠广告。广告古已有之，"三碗不过岗"的酒幌子就是广告。没有互联网的时代，我们熟悉的是电视广告、广播广告、印刷品平面广告、户外广告牌等，当然，也包括吆喝叫卖。但过去的广告是千人一面、不区分受众的。后来商家对客户的信息有所采集就有了CRM（顾客关系管理），经过客户分类，可以更好地服务于不同的客户群体。"互联网+"

和大数据时代让 CRM 有了新的发展机遇,管理客户不再是简单的数字统计和没有个性的(或简单分类的)直邮、定投。随着商家对客户了解更多、了解更深,便有机会为客户提供个性化的营销方案,进一步改善客户体验,成为个性化营销或叫精准营销。大数据时代,让很多过去的不可能变为可能,营销活动也迎来了新的发展机遇。

时代不同,商业经营的形式会变化,但本质就是两件事:开源和节流。开源是吸引新客户,发现新商机;节流是减少内部运营成本,提高资源利用效率。要实现这一切都需要以数据为依据的决策。过去,人们也在长期的经营活动中,采集和运用了与经营活动相关的很多强相关数据,也形成了选择客户的标准。限于当时的技术瓶颈,做大样本的数据采集及数据分析成本都过高,无法在更大范围推广运用。大数据时代,人们有了廉价采集数据和存储数据的可能,廉价的计算资源让数据分析成为了可能。

大数据精准营销的背后,是用多维度的数据来观察客户,描述客户,就是说为客户画像。说"依托大数据,可以让营销人员比过去更了解客户,比客户自己更了解客户的需求"并不为过。营销人员无不想知道客户是谁、在哪里、消费习惯、需要什么、什么时候需要、用什么方式向他们传递信息更为有效等,通过数据采集和数据分析分析可以找到答案。精准营销不仅可以帮助商家开源——发现潜在客户,还可以帮助商家节流——发现潜在风险。我们对客户有了足够的了解,就会知道哪位客户可能在经营中存在风险。

若问每个经营者是否会运用从业经验来进行营销，得到的答案一定是会；但若问经营者是否会利用数据进行营销，恐怕答案就不那么确定了。一般认为，应用数据进行营销是大公司的事情，与小公司无缘。其实，大到跨国公司，小到街边小贩，运用数据进行营销，都会收到意想不到的效果。不相信吗？街边小贩留意一下天气预报（刮风、下雨，还是暴晒）就知道明天有哪些生意，进而知道该如何备货。建议中小公司的人不要拒绝精准营销的理念，不妨学学精准营销的思想方法。如果经营者有丰富的经验，把经验数据化对经营也会很有帮助。

《颠覆营销》一书就是在教读者如何运用大数据来做营销。书中案例丰富、语言可读性强，值得关心大数据营销的各界朋友读一读。

我认同书中的不少观点："大数据重新定义产业竞争规则，比的不是数据规模大小，不是统计技术，也不是强大的计算能力，而是对核心数据的解读能力。"在很多人纠结于大数据定义的今天，我们确实更应该关注对数据的核心价值的理解与应用。书中提出的"问对问题"也很重要。经营者平时的问题一定不少，但追问究竟时，就可能出现偏差，导致"失之毫厘，谬以千里"。问对问题能力的提高涉及思想方法，需要在锻炼中提高。验证问题是否问对了，恰恰就是数据分析师可以发挥作用的地方。

本书还提出了两个值得更深入思考的问题：

一、仅仅发现不同客户群体的消费习惯，适时提醒客户去消费，还远远不够。在供给过剩消费不足的今天，既有的消费额在不同商家中进行分配或迁移都不能带来社会消费总量的增加。大数据营销的更高水平应用是提前知晓客户尚未被满足，甚至尚未被发现的需求。大数据的价值挖掘有机会把厂家、商家和客户连在一起，让厂家生产更多的满足客户个性化需求的产品，让客户的消费意愿提高。这是数据价值挖掘工作者面临的新挑战。

二、数据真的越多越好吗？不少大数据公司热衷于网上"爬"各种数据，然而同一数据集在不同的应用场景价值密度是不一样的，针对特定应用场景也并非是数据维度越多就越好，一定要围绕应用目标来采集数据和使用数据。提升维度来采集更多数据是有助于描述事物的，但无疑也增加了处理数据的复杂性。也许人类的认知与智慧就是在升维、降维、再升维、再降维中交替前行的。本书的降维思考，必要时回归本元的思考给我们以启示。

大数据时代工具手段固然重要，思想方法更重要。

推荐序四

你大数据了没？

康翔泰
黛安芬董事总经理

前天收到Tony（作者陈杰豪的英文名）的短信，要我帮他的新书写序，而且只有两天的时间，我人在意大利佛罗伦萨旅游（一年一次的年假），又在去往米兰的火车上，对一个有严重写作障碍的人来说，着实不是件容易的事。我花了一个晚上加上两小时的火车时间，读完这本《颠覆营销》，在红酒和提拉米苏的高血糖状态下，提笔分享这篇序文。其实答应写序文不是因为情义，更不是商业合作，而是出自内心想分享，就好像在一家好餐厅就餐后，迫不及待地上网分享一般。

和功典（MIGO）认识其实是在很正式的场合。两年前，黛安芬公司用十分严谨的程序，找寻我们企业转型的核心伙伴。在三回合简报提案、五大评核标准的激烈评比下，功典脱颖而出，开始了我们合作的旅程。这是一段紧凑而惊喜的旅程，在我二十余年工作生涯中，经历无数的代理商专案会议，很少有像功典这样的团队，既分工又能有高效率解决问题的能力。在一次项目会议中，我认识了陈杰豪，才了解到这团队的能量与工作热情，源自一位年轻、聪明、对人充满热忱的首席执行官。

说了这么多，和这本书有什么关系呢？其实黛安芬选择与功典合作，除了找到一个系统建置与数据串流工程的好伙伴，更重要的是，联结到一个有系统有组织的Know-how（技术诀窍），以期能结合我们对自己本产业的经验，进行企业营运模式的转型（十年前我们由设计制造转型为品牌零售，现在我们努力建立以服务体验为核心的新商业模式）。这本书与其说是大数据的新知识，不如说是因大数据而启动的营销与企业经营的新思维，我且就书内提及的几个论点与读者分享。

数据会说话？会说话的是人

我们对这世界的认知有三个层次，第一个层次是现象（What），第二个层次是现象产生的过程（How），最后才是现象产生的真正原因（Why）。绝大多数的人只在第一个层面认知探讨事情，特别是以前数据不充足，边探讨还要边自己分析数据，就更不容易有穿透性的见解与观点了。大数据对组织另一层面的冲击，其实在于营销人能否提出真正的观点,而不是只在现象里打转。

减法思考下的降维(Dimension Reduction)观念

在大数据时代,这样的思考是不可或缺的。我们的思考可以分为演绎式(Deductive)思维和归纳式(Inductive)思维。在企业运营中,常看到过度的演绎式思维而造成信息过度扩张演绎,尾大不掉,而无法得出结论。有质量内涵的降维(指的是适度演绎后的归纳维度)将有效聚焦企业的核心议题,大幅提升决策速度和质量。

化繁为简的关键绩效指标(KPI)

企业的关键绩效指标常常很不"关键",因为关键绩效指标愈来愈多,就渐渐流为报表。其实利用大数据来找到关键绩效指标"施力点",可能是一项值得探讨的管理新思维。

丢掉悔过书,迭代式营销做中学

组织经营一直有两个同时存在的面向:机械式的(mechanic)及有机的(organic)。在当下高度变动的市场状态中,如何在不失控的情况让组织发挥有机的创造力是关键。

就如同在本书PART 2 "还在写悔过书?D.I.E.T.做中学"中介绍的学习循环(Learning Cycle),有"看到""知道""做到",最重要的是"学到"!

大数据(Big Data)或厚数据(Thick Data)

如果大数据是极致的左脑展现,那厚数据可能以接近全脑(左脑+右脑)的方式出现。结合了经营者多年的产业经验与敏感度,厚数据带来的灵光乍现,可能更有创造价值!

分享了这么多,我想说这是一本值得一读的好书。在商业沟通中有一个方法叫P(Point)R(Reason)E(Example)P(Point,再次强调),我觉得和这本书的章节对称呼应。书中不但有清楚的论点(Point)、解释(Reason),更务实地举出各行各业的应用实例(Example),的确能带来水平式思考的启发,最后又再回到大数据的18个新思维(Point),清楚地和首席执行官及营销人对谈,见解犀利而独到,相当有Tony的风格。

我推荐这本书,更推荐这个团队,希望通过大数据,我们能一起在这翻转的年代,推开一扇企业经营的新窗口。

自序

Better Tomorrow（更好的明天），用大数据改变世界

陈杰豪
功典首席执行官

34岁那年是我人生的转折点，因为一向最支持我的母亲在那一年过世了，带着遗憾我开始思考自己的未来。循着对我母亲的记忆与思念，开启了我寻根的念头。

在美国创业的过程中，我一直都是在西方人的思维中研发软件，但回过头，却发现亚洲在软件研发上还有很大发展与进步的空间。那一刻，我决定回到熟悉的东方文化，因为我觉得那是我的使命，要让亚洲研发的软件有能力站上世界的舞台。

我在美国求学念的是资讯工程，常常一个人喝着啤酒，然后写一个晚上的程序代码。我对于用几行干净的程序代码去解决一个复杂的问题深深着迷，而且乐此不疲，觉得

那是世界上最美丽不过的事情；但是毕了业，被Siebel（电子商务软件供应商，2005年被甲骨文收购）选中，一头就栽进了顾客关系管理的领域。

突然从面对最简单精练的程序代码，转变成要面对并解决最复杂的跟"人"有关的问题，从单纯的简单掉到了多变的复杂，左脑与右脑开始冲击、对话，最后融合在一起。对我来说，这世界上所有的安排都是最好的安排，因为经历了这段思考和逻辑的冲突后，数据和营销结合的种子已然成形。

2011年，我就是带着这颗种子，在当时董事长林一峰先生的牵线下接触了功典，直到现在我都清楚记得第一次和团队见面的场景。尽管当时功典在数据营销领域才刚刚起步，但是我就是知道，这里有我要的答案。

当年父亲和很多朋友都很困惑，为什么我毫不考虑就推掉了一个又一个大型跨国品牌提供的高薪工作，和亚太区高阶经理人的头衔，要卷起袖子和一群工程师从头调整策略、优化产品，自己又站在第一线负责销售。其实他们没看见的是，跟我一起闯荡的，是一个充满潜力、热情无私而且患难与共的团队。

不管是大数据还是营销，这两者都像是一个没有标准答案的变量，光是要解决其中一个变量，就够让人头大，更别提要把这两个变量融会贯通了。好在我天生就喜欢往麻烦里钻，大数据营销，这个看似错综复杂的题目，我在这本书里试图用三个关键的元素去贯穿。

1. 心法：以简驭繁的思考

大数据再大，也是从每一笔各自独立的资料累积起来的，尝试去练习思考大数据的本质、问题的核心，一层层地剥开那些包裹在外的杂质与伪装，练习专注、绝不折中，因为模棱两可，只是你找不到真正问题的借口而已。

2. 做法：精益（Lean）的执行精神

大数据营销要成功，靠的绝不是纸上谈兵的嘴上功夫。如果数据永远只是躺在会议桌上的一堆报表，那你永远无法从这些数据中学到任何事情。我在书里面分享了一些实务操作的经验，同时也尝试用一些实际案例来告诉你："坐而言不如起而行"真的不只是口号而已。未来消费者市场竞争比的不是银子，而是点子，而点子也不是比谁有创意，而是比谁可以最快让点子走出会议室，然后让你的顾客心甘情愿地埋单。

3. 态度："利他无我"的原则

功利的社会让人与人之间充满了猜忌，但是在大数据时代，品牌和顾客之间必须要能建立绝对的信任。作为一个数据营销工作者，首先必须做到"心正"和"利他无我"，永远把顾客的利益放在第一位，站在对方的角度思考。

本书极其荣幸地邀请到在华人大数据界执牛耳的车品觉先生共同执笔，用行动具体地诠释了这种"利他无我"的行为。品觉兄在大数据领域钻研颇深但却谦逊低调，每天念兹在兹的都是如何将大数据落地，进而优化人类的生活。他在本书中把日常对数据趋势的判断与观察无私地分享给读者。

"利他无我"是态度也是气度，希望这本书能让你有所体会，并试着用这种态度重新思考你的每一个决策。

最后，要在这里特别感谢邰中和先生。邰先生在董事会中给予我很大的包容与空间，让我能够没有后顾之忧地专注于研发与团队招募。另外，我也要特别感谢任家济（George）先生，George 是功典的首席数据科学家，只因相信我对大数据未来所勾勒的蓝图，就毅然地加入了功典，然后走过了 1 000 多个日日夜夜，见证当年勾勒的蓝图——实现。当然，这一切更要谢谢功典每一个伙伴无私投入，只有亲身参与这场战役的团队伙伴们，才能体会那种挑战自己、挑战未知的压力与成就感。

我在这本书中分享了很多观点与经验，也介绍了功典如何成为阿里巴巴大数据应用合作伙伴。如果你要问我个中感觉，与其说这是一段对成功的注脚，不如说是一种疤痕累累的纪念：纪念一场技术、演算与营销史无前例的融合，纪念一场前仆后继，却坚持到底的无畏与勇气。最后，我期待这点滴经验能让后来者看清陷阱，少走弯路，那这一种走来的甘苦也就值得了。

这一切才刚刚开始，我跟我的伙伴们会坚持这个初衷，披荆斩棘，开拓出一条亚洲大数据营销软件的品牌之路。作为一个产业和趋势的先行者，我不知道哪里才是终点，但是我知道，我必须不断地惕厉自己和团队，每一天都要挑战昨天的自己，这就是功典从心传承的"better tomorrow"精神。

PART 1 打一场
《回到未来》之战

当大数据遇上营销

大数据时代,新应用和新商业模式,颠覆以往竞争形态。这是一场超越时空的虚拟战争,营销7天前就能预测未来,预知顾客要什么。

在大数据浪潮下，各产业正酝酿一场大变革。21世纪，数据已成为世界最珍贵的原材料，"数据是'新石油'！"亚马逊前首席科学家韦斯岸（Andreas Weigend）如此断言，未来企业的运作，不是靠石油也不是靠电力，而是靠关键数据。

别以为云计算、虚实整合、万物联网、机器"智"动化，只会在制造生产工业中发生。大数据已悄悄改变商业世界的竞争规则，掀起整条产业及商业链的风暴革命。

大数据决定性的变革，就是智能革命，智能指的是未来与可控。车品觉就预言："未来一定是国家和国家之间的数据战争，公司与公司之间的数据大战。"简言之，谁掌握了大数据，谁就掌握了未来。

大数据崛起
Better tomorrow，让世界变得更好

每个月的第一个星期五，全世界的媒体和金融从业人员的情绪都会被一个数字牵动。在这一天，美国劳工部会发布上一个月的就业报告，其中最受瞩目的数据，就是失业率。如果这个数字比大家预期的好上许多，股票市场往往会大涨庆祝，如果不如预期的话，下跌也是意料之中的事。

事实上，各大金融机构本身也都有研究人员从事经济观察和预测，但没有人的统计能够做得比美国劳工部更好，因为劳工部的入户调查（Household Survey）样本数，足足有6万户之多，这不是一般私人机构想办就办得到的事。因此，入户调查最后公布的结果，往往会让一堆专业经济学家大跌眼镜，让许多基金经理人要忙着调整资产配置。

可是如果有人能比劳工部更快、更精准地抓住就业市场的变化呢？我说的不是内线交易，而是更聪明地抓到每日、每周变化的数字。如果这个人能赶在每月发布就业报告前，就比所有人早一步实时反应，那每个月的第一个星期五，他不但不用提心吊胆，甚至可能大赚一笔。

有一家全球数一数二的私募基金公司，就发现了这个致富密码，而他们的法宝，竟然和人们每天的排泄物有关系，这到底是怎么回事？

原来，美国许多公司要求新员工报到时，参加尿液筛检，确认是否有药物的阳性反应。这样的检查看来稀松平常，但是这家私募基金公司发现了它的价值：如果需要从事药检的人数增加，那就表示就业人数也在上升。

刚好该公司持有一家大型药检公司的多数股份，这让他们有能力更快速地构建出就业市场变化的模型，提前改变资金配置，不用再被动等待劳工部发布的报告了。

你一定没有想过，原来一份看似和金融市场风马牛不相及的药检数据，也能牵涉庞大资金的移动，甚至改变财富分配吧？在大数据时代，谁能聪明地先找出不起眼数据的价值，谁就有机会抢占先机。这也就是为什么大数据分析愈来愈成为世界广泛关切的主题。

放眼大数据的崛起，跟不同产业和学科碰撞出一次又一次的火花。寻找"better tomorrow"，让世界变得更好，是大数据更想为人类实现的梦想。

但是，对于大数据在营销领域的应用，故事只能围绕在世界500强的品牌上吗？这给了我们一个很好的问题。真的只有世界知名的品牌才拥有高含金量的大数据基础，还是因为那些小公司对这个新兴专有名词陌生，以为要投入庞大资源所以不敢轻易踏入？

答案当然是后者。企业领导人，不要对大数据技术竞赛感到迷惘，数据金矿往往都已经在企业内部累积许久，重点是要找出正确的分析观点，然后就有机会可以"点客成金"，找到企业更接近顾客的策略方向。

"Better tomorrow"在哪里？大数据已经让这个世界快速改变，企业和领导人到底如何能化繁为简，重新驾驭大数据下的新世界？

大数据营销
事前预测，打未来的仗

多少年来，我们熟悉的商业世界、运转的逻辑思考，其实大部分都是用"猜"的，我们花了无数的营销费用，努力在猜消费者到底要什么。以营销为例，以往企业大多停留在"营销1.0"的被动策略，消费者要什么，企业提供什么，即使进入"营销2.0"主动策略，从产品核心转往消费者核心，创造差异化去吸引消费者，或者进入"营销3.0"，以社会价值与品牌责任为使命，都不能完全精准对接个人化需求。

但现在，进入"营销4.0"数据时代，别再猜了！取而代之的关键词是"Predict（预测）"。数据科学家及人类学家已可以快速进行数据分析（Data Analytics），根据消费者个人化需求，找出产品前测，找到精准目标顾客（TA），进行一对一营销，甚至可以精算出成交转换率，提升投资回报率（ROI）。

"预测"，就像电影《回到未来》，营销人借助时光机回到未来，在购买行为还没有发生前，就开始打一场属于未来7天或30天的仗，取得绝对的先机。

这一场未来的战争，关键就在于时机。

商场如战场，时机是关键。数据的能量不只是用在事后分析解决问题，真正的数据竞争力是来自事前的预测，把战场拉到未来，直接预测与控制变项。

实体的百货零售业，营销战可能从当天早上 10 点到晚上 10 点，关门后就停战；而虚拟的电子商务中没有打烊这件事，分秒都是营销战，24 小时没有终点。但不论虚实，所有营销人每天陷在做营业报表、发 eDM 促销的循环中，疲于奔命。一个是战场有限，一个是战场无限，但重点不在于战线长短，而是如何打胜仗。

打胜仗的关键，其实就是掌握时机。回到未来，就是把决战点拉到购买行为前的 7 天或 30 天……。

大数据时代，虚实的竞争边界早已被摧毁，这个购买行为前 7 天的未来战争，比的是早一步的先知能力。营销先知利用大数据，从顾客的真实交易行为数据中，计算出每个消费者的下次购买时间（Next Purchasing Time, NPT），在什么时机、提供什么宣传方案，顾客会愿意再度消费，营销人就不必盲目散弹打鸟，而是直接瞄准红心，根据数据预测顾客行为，提高成交率。

营销人如何带领品牌走到未来战场？现有的装备、战技、能力、思考、武装，足以带领品牌走进下一个趋势战场吗？

大数据人机分工，将是帮助营销人在大数据时代进化的重要前提。回到未来之战，人要变得更聪明，要用巧力而不是蛮力。巧力是知道如何用机器帮你找到精准市场、产品,及目标顾客,告诉你未来 7 天可能发生的事。

那人要做什么呢?营销人真正的价值是,你要做出对的、好的决策,你必须根据数据找到金矿,决定你的观点。营销人做的每一个决策,都是基于一个观点,观点就像是目标,唯有全神贯注,才可能瞄准目标。但现在营销人的困境,正是每天虚耗时间在不确定的事物上尝试,没有时间找到观点,即使在大数据面前、报表成堆,也不知道该锁定哪个目标。

计算机帮人分析大数据,让营销人从体力密集过渡到脑力密集,把庞杂的工作量收敛到人足以理解、体力上也足以承受的程度,让人有时间思考数据呈现的结果,找到观点,变成决策。

从"经营商品"转向"经营顾客"思维,大数据提供观点,帮助企业转型,改变以往营销从经验出发推测顾客喜好、缺乏统计消费者行为的实证数据与诠释的方式。从感性推测到理性分析,企业的任务是找出"想用数据解决什么问题?",营销人该思考的是:"数据这么多、这么大,怎么应用才能打胜仗?"

做对决策的前提:
厚数据赋予数字意义

大数据的应用原则不难掌握,关键在于如何诠释数据。

诠释依赖人的观察、对核心know-how的理解与经验法则，也就是厚数据的价值。

就像一场棒球赛中，机器人可以根据历史数据评估，某位明星球员这次表现低于3个标准偏差，远低于平均水平。但机器无法告诉你，为什么球员的表现会下滑。同样是长期观察，只有棒球评论员才会知道，球员最近大腿拉伤，所以才影响表现。

同样地，人的经验也能协助判断数据对错。假如今天数据显示胶囊咖啡销售单价突破53元，乍听之下你会很兴奋，哇，居然赚这么多。但仔细一想，不同口味胶囊咖啡，定价只在25~45元之间，回归到统计逻辑，产品单价怎么可能高于均价，一定是数据错了。

这个例子乍看起来很荒谬，但事实上，如果基础知识和经验不足，就会被数据牵着鼻子走，做出错误决策。

厚数据就是深入数字的核心意义，由人来判断数据的对错，赋予它意义。刚看到报表就知道什么对、什么不合理，依赖的是经验，人才会对数字"有感觉"。

数据产生意义的关键在于具体市场营销的执行方案。数据不是大就好，重点在于读完之后你要拿出什么样的具体行动，在行动中证明你的假设，而且行动要有策略有目标，不是盲目行动。这时解读的观点就能决定一切。厚数据能让你在众多问题里做出决策比较，为什么A比B重要？什么原因让B影响A？如果要优先解决，是A还是B？

懂厚数据，大数据才能产生真正的意义。

减法思考：
数据越多越要取舍

营销4.0的革命，不但要比决策时间点，更要比决策速度。这里面又有两个关键词，一个是降维减法思考，一个是精益（Lean）思考。

读完数据后决定观点，以行动验证假说，尝试错误，从中学习，这个聚焦的过程，就是重要的"减法思考"。

在大数据中，可以看到四个特性：数量大（Volume）、速度快（Velocity）、多样性（Variety）、不确定性（Veracity）。爆炸的信息量加上千变万化的可能，人的理解与记忆难以负荷，而且也不可能花很多时间看报表看数据。所以，越是大数据时代，人越要用减法思考，在关键点上做对关键的事。

如何将繁杂的数据报表精简到人的心力可接受的范围，这就是降维，也是这本书谈大数据营销的核心理念。我们开始思考，大数据最终能帮助营销人有效完成哪些关键决策？如果说商业最重要的就是获利，而什么会影响获利？

营销人不可能一天看上千张报表，但如果目标是获利，我们可以从获利公式：营收=有效顾客数×顾客活跃度×客单价，找出10个关键指标——新增率，变动率，流失率，转化率，活跃度，S1瞌睡顾客唤醒率、S2半睡顾客唤醒率、S3沉睡顾客唤醒率（合称S1~S3唤醒率，S指Sleeping睡眠），新顾客客单价、主力顾客客单价（合称客单价×2），用这10个指标做降维思考，做出决策（详见图1-1 大数据营销营收方程式）。

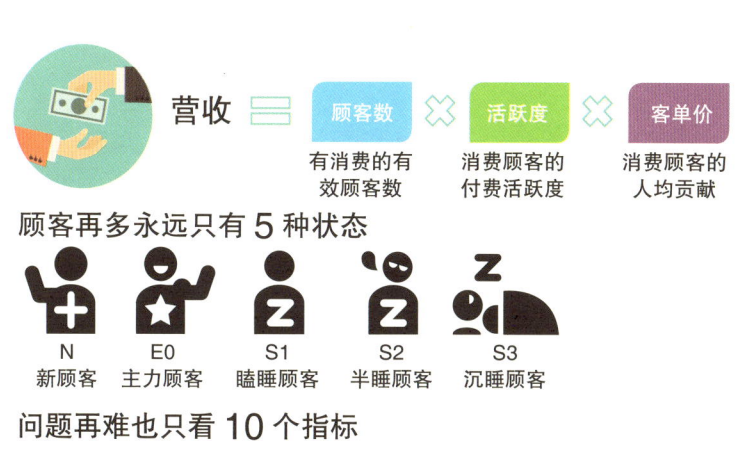

营收 = 顾客数 × 活跃度 × 客单价

顾客数：有消费的有效顾客数
活跃度：消费顾客的付费活跃度
客单价：消费顾客的人均贡献

顾客再多永远只有5种状态

N	E0	S1	S2	S3
新顾客	主力顾客	瞌睡顾客	半睡顾客	沉睡顾客

问题再难也只看10个指标

新增率、变动率、流失率、转化率、活跃度、唤醒率×3（瞌睡顾客、半睡顾客、沉睡顾客）、客单价×2（新顾客客单价、主力顾客客单价）

图1-1 大数据营销营收方程式

营销人不可能一天看千张报表，但如果目标是获利，可以从获利公式：营收=有效顾客数×顾客活跃度×客单价，找出10个关键指标——新增率、变动率、流失率、转化率、活跃度、唤醒率S1~S3、客单价×2，就可以用10个指标快速找到问题，提升业绩

大数据重新定义产业竞争规则，比的不是数据规模大小，不是统计技术，也不是强大的运算能力，而是核心数据的解读能力。减法思考的好处是，每天只要监控这10个

指标，出现问题就可以立即对症下药，可以加快决策的速度、提升决策的精准度。

例如，新增率是企业新增顾客比率；活跃度是主力顾客多久买一次商品；唤醒率是让很久没回购的顾客，重新购买，避免购买一次就消失；这之间的差异是顾客状态，他是"新顾客""主力顾客"，还是渐渐减少购买频率的"沉睡顾客"。

过去我们定义顾客状态都是用平均数的概念，所以你可能会定义平均 6 个月未再次购买，都算是落入沉睡区的沉睡顾客。但别忘了人有差异性及变动性，当我们还原真实的数据样貌时会发现，顾客群里面很多人到了第三个月就已经进入了沉睡期，等 6 个月才去接触他们，唤醒他们的概率微乎其微；同样地，也有一群顾客即便是到 8 个月之后，都还是呈现核心顾客的特征。所以，我们应该检讨用平均数的概念去认识顾客的逻辑。别忘了，大数据时代，你有能力去识别个别消费者之间的细微差异。

第二个是精益思考。如前所述，数据能产生意义的关键在于，对于具体市场营销的执行方案，决策的速度很重要。

以往营销一定要等到整个活动结束才能开始检查成效，"事后诸葛亮"其实都是亡羊补牢。大数据营销强调精益的原因，就是可以根据数据连打带跑，边做边修，不要变成错误的亡羊。营销人要用精益的精神，一边决策一边修正，像用小规模的 A/B Test（对照实验），就可以验证自己的假设，不要错到底才来修正。换句话说，决策会因不断修正，变得精准。

大数据，大改变，也是大商机。大数据正在改变商业竞争模式与生态，这场跨越时空的未来战争已经打响。当别人纷纷发射火箭到外太空时，你拿到参赛的入场券了吗？

当营销人开始高谈阔论一些像是第四次工业革命、大数据营销、互联网或是物联网（IOT）之类的名词时，作为一个企业的决策者或是营销负责人，我们更应该关心的是，我们是否有进入这场战争的条件与能力。走进大数据，别被那个"大"字给唬住了，你可以从打一场"回到未来"的7天之战开始。

不再雾里看花
成败不在数据，观点决定一切

> 大数据比的是点子，不是银子；赢家需要的是数据洞察力，所以观点才能决定一切。

大数据成为大热门，许多企业争先恐后地搜集数据，聘请大批人员建立各种演算、统计模型，将数字弄得漂漂亮亮，以为这样就是大数据的赢家了。

事实上，在大数据的世界里，决定成败的关键，并不是依靠运算能力或统计技术，成为数据赢家的，关键是诠释问题的角度与观点。

观点决定切入数据的角度，让我们能够准确地针对问题核心深度挖掘，然后才有条件建立有价值的预测模型。换言之，大数据的竞争，比的是谁的观点最犀利、判断最快、预测最准。

很多人都很好奇，我当初是怎么样建立和阿里巴巴之间的合作关系。第一个问题是我怎么在阿里巴巴这样庞大的事业服务版图中，找到合作切入点；第二个问题是我和阿里巴巴签署的是"大数据应用合作伙伴"合约，我们怎么面对一个电子商务集团背后，超过 1 000 个大数据科学家的商业智能（Business Intelligence, BI）团队。

我常半开玩笑地回答："愚者千虑必有一得。"我们不敢说自己是最聪明的团队，但我们确实做到了不断地挖掘问题核心。

不是用一个庞大的计划去解决所有的问题，相反地，我们选择每次都专注回答好一个问题，然后选定一个观点快速切入，形成解决方案。

以阿里巴巴为例，我们观察到他们当下遇到的困境是，网络卖家仍不断增加，但是整体流量却已达到顶峰。阿里巴巴拥有全中国 80%以上的在线交易量，因此，提升的空间有限。流量增速放缓甚至停滞，但是网络卖家却有增无减，广告的投资回报率自然而然随之大幅下降。网络卖家们也开始发现这个现象，同样是花 1 000 元营销预算买流量，效果却远不及过去的一半。

如何解决阿里巴巴与网络卖家所面临的困境？光用一些传统的解决办法，像是增加营销广告强度，或是开发更多的广告创意等，没办法真正命中问题要害。

我们团队不断地追根究底，就是要挖掘出深藏在表象之下的核心问题。研发人员走出实验室到客户端，观察他们的营销模式、访谈不同行业遇到的共同问题，最后，终于找出卖家最迫切需要的其实是"精准"；但不是那种传统基于平均值逻辑下的"精准分群"，而是可以具备时间敏感度、个人差异化的"全个性化"精准标签。

广告曝光不是大而广
研究顾客DNA（基因），精准投放

对于在阿里巴巴经营网店的品牌商来说，网络卖家不断地增加，愈来愈多的网店在瓜分原本就有限的流量。对于大部分新创业或是自有品牌的网店卖家来说，广告投放其实是一把双刃剑，一方面当然希望可以通过广告招揽大量的新顾客，不过同时也担心如果没有拿捏好投放的规模与策略，有时候可能招募新客户效果不佳，或是招来了一堆只为促销活动而来的一次性客户，却没有长期购买的忠诚度。这些担心，让很多卖家对于投放广告这件事情变得日益保守而裹足不前。

阿里巴巴决心找回淘宝网的广告效益及卖家的信心，因此不断从阿里巴巴大数据中挖掘能提升效益的可能性，分析所有会员的背景资料、商品偏好，挑选出适合投放广告的标签名单。但人的行为有无数的变化，为了给淘宝卖家提供他们所需的名单，截至目前，阿里巴巴已经从庞大数据中产出近1 000组不同的标签，但成效问题还是只解决了一半。

为什么拥有大数据还不够呢？这是因为标签的挑选，仍然是营销人根据以往经验，半推测半猜测地进行决策，加上近1 000组的标签，就如同走进数据迷宫般，常常迷失其中。

因此，在运用大数据前，要做的第一步绝对是找出观点，给问题定性。就阿里巴巴的广告效益来看，有非常多的人为因素会影响广告创意、产品内容等，而我们要做的，就是消除人为影响并提升精准度，而非无止境地挖掘大数据的结果。

最终，我们将解决办法聚焦在顾客的交易行为，专注于完成演算模型研发，进行实际顾客使用测试，借由数据演算出的交易DNA数据来投放广告，真正实现数据决策的优势。

数据越复杂，解释越简单
三个指标看营收方程式

大数据就像浩瀚无边的大海，若没有一个中心思想，没有观点，随意纵身跳入，往往容易迷失于数据汪洋中。随着数据不断增长，企业报表往往动辄上千张。面对大数据，有人追求数据越大越好、报表越多越好；我们则主张，要化繁为简，以简驭繁，亦即"减法原则"。

著名的奥卡姆剃刀（Occam's Razor）原理主张，当两个假说具有完全相同的解释力和预测力时，应该使用较简单的那个。对于现象最简单的解释，往往比较复杂的解释更接近真相。

越复杂的数据，越需要减法。面对复杂的数据问题，我们认为应万法归一，均回归到营业收入，即企业获利水平是否获得提升。

对于营业收入，我们提出一个精简的观点，即营收方程式：

$$营业收入 = 有效顾客数 \times 顾客活跃度 \times 客单价$$

这个方程式虽然看来简单，但却是我们一直期待的和客户沟通分享的概念。我们没有真正认清营运核心问题时，往往会不切实际地描述并放大当下遭遇的挑战，然后急着在一堆数据里面翻找，产出一张又一张的报表，试图通过这些报表来降低内心的焦虑。

但事实上，如果管理者能够认清营业收入背后的干扰变项，就能静下心，有目标和策略地搜集必要的关键数据，然后依循一定的逻辑来制订各种改善方案，并通过数据的实时变化来做实时的优化调整。

老奶奶会不会买高达模型？
找顾客不看人口属性，看行为标签

从营收方程式来看，在大数据时代，是以"人"为核心，而不是以"产品"为主轴。人有所谓的异质性与变动性，传统营销往往偏重处理异质性的问题，根据人口统计学的属性特征，如性别、年龄、居住地、收入等标签，进行分类分群。

举例来说，高达模型的消费族群一般被认为是男性，如果今天一位80岁的老奶奶的所有的行为和预测，都指向她会购买，尽管她不在传统分类的营销沟通族群里，那为何不能将高达模型的相关营销信息传递给她呢？

依据传统的人口属性标签，她将被排除在外。面对这样的数据偏误，我们则提出不同的标签观点——NES模型。NES完全不在乎年龄、性别等传统人口统计特征，而是根据消费者具体的购买行为，将消费者分为三种：一是首次购买的新顾客N（New Customer），二是支撑主要营业收入来源的既有顾客E（Existing Customer，主力顾客E0+瞌睡顾客S1+半睡顾客S2），三是沉睡顾客S（Sleeping Customer）。通过NES模型，企业可以清楚掌握顾客的重复购买潜力与现况。不要关注顾客的年龄、职业、性别、收入、兴趣、属于哪个族群，重点是只要他反映出他要买高达模型的动机，只要他愿意成为高达模型的消费者，就应该为他服务，即使他是女性，一位80岁的老奶奶（详见图1-2 从NES看顾客消费状态变化）。

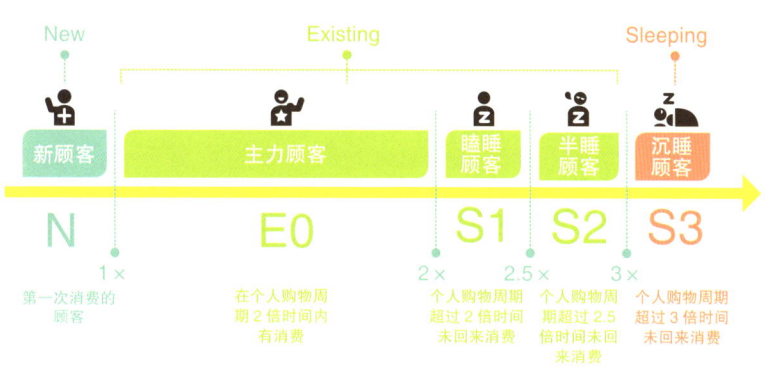

New	Existing			Sleeping
新顾客	主力顾客	瞌睡顾客	半睡顾客	沉睡顾客
N	E0	S1	S2	S3
1×		2×	2.5×	3×
第一次消费的顾客	在个人购物周期2倍时间内有消费	个人购物周期超过2倍时间未回来消费	个人购物周期超过2.5倍时间未回来消费	个人购物周期超过3倍时间未回来消费

图1-2 从NES看顾客消费状态变化

NES模型根据消费者个人购物周期，分为首次购买的新顾客、支撑主要营收来源的既有顾客和回头率低于10%的沉睡顾客。而既有顾客又可分为E0主力顾客、S1瞌睡顾客和S2半睡顾客

不在迷雾森林里打转
大数据，观点决定方向

目前的商业竞争法则是大者恒大，规模、资金优势一旦领先，其他竞争者完全没有翻身的机会。但是未来大数据的竞争，拼的是观点，观点错误，运算、统计能力再强大，也只会南辕北辙，永远都到不了目的地。

以往的顾问经验告诉我们，大部分的企业在没有观点的情况下，就像在迷雾森林中漫无目的地奔跑，因为没有方向也没有目标，往往跑得筋疲力尽却只是在原地打转。观点的价值在于，让分析人员或是决策主管冷静下来思考，看清楚周边环境以及自身的装备与条件，谋定而后动。有时候我们会惊觉：要走出这团迷雾，原来只有一步的距离！

数据之前人人平等，大数据时代比的是点子，不是银子，未来赢家需要的是数据洞察力。如果我们能够准确判断方向，也知道距离终点原来只有一步的距离，那我们就不必大费周章地投资人力、资源和时间，去打造新干线或是顶级跑车，我们需要的只是一个精准转身，然后轻松地跨出关键的这一步。

总之，大数据的竞争法则是观点取胜。在大数据时代的商业竞争中，老二不会永远是老二，小虾米也可以有机会扳倒大鲸鱼。

只要你的数据观点够犀利、能深入问题核心，而且具备眼到手到的超强执行力，你就有机会成为未来的大数据赢家。

克服盲人摸象
问对问题，才能找对答案

> 别急着解决眼前困境，以问题溯源的方式，学习思考更根本的问题，不断追问：究竟问的是问题的表象？还是真正的核心？

在大数据的世界里，搜集数据不再困难，机器负责处理数据、回答问题，人的任务则是问问题、发掘问题。

在计算机、大数据未普及的时代，搜集数据或找寻答案均需通过人工，费时又费力。因此，数据规模也有局限。但是如今，搜集、处理或分析数据都不再是障碍，人们面临最具挑战的问题是——如何问对问题。

问题人人会问，何难之有？提出问题或许不难，但是问对问题，则需要深厚的知识与智能积累。

第二次世界大战期间，敌对双方激烈交战，一直从地面打到天空，战火凶猛，军机往往弹痕累累，如何提高军机在炮火下的生存率，变成一个重要的课题。

一群爱国的科学家们，很有效率地把飞机上所有的弹孔一一记录统计，绘制成一张张的图表，其他维修工程师们就根据科学家们提供的这些弹孔分布图,纷纷献策。有人主张,应该先从弹孔分布密度最大的区域,着手维修,提高军机和军机驾驶员的安全;有人立刻举手反对,认为应该是先从油箱和驾驶员所在的关键致命位置维修,才是最重要的。

当大家对究竟该如何维修弹孔争论不休时,突然有一个人站起来缓缓说道:"这些弹孔的统计数据根本是错误的,毫无参考价值。"他进一步解释,这些能够安全飞回来,停在停机坪等待维修的飞机,正说明了它们机身上的弹孔落点,其实都是安全的或者说不致命的,所以它才能够被统计到。真正致命的弹孔数据,早就随着被打下来的飞机,葬身大海了。

飞机弹孔的故事一针见血地指出,一旦问题问错了,无论再怎么奋力向前,也永远到不了终点(详见图 1–3 你真的问对问题了吗?)。

图 1–3 你真的问对问题了吗?

你想知道如何提高战斗机在炮火下的生存率?该先从弹孔分布最密集的部位着手研究,还是关键致命位置?答案是都不对。真正致命的弹孔数据早已随着被击落的飞机深埋大海。这件事告诉我们,问错问题,浪费再多时间与资源,也不会找到答案问错问题的情况不只发生在战场，企业在面对问题时，也常犯问错问题而不自知的毛病。问错问题并不可怕，可怕的是，问错问题而不自知，因而浪费庞大的资源与时间，找寻错误的答案。这才是真的无可救药。

别急着解决眼前问题
先找出真正的症结点

《麦肯锡工作法：个人竞争力提升50%的7堂课》[①]作者大岛祥誉进入日本麦肯锡工作第一年，所接受的第一项任务，就是在市场萎靡不振、公司业绩不断下滑的情况下，提出提升业绩的策略。

大岛接下挑战，很快地整理出一份数据，包含营业额增长幅度、顾客购买情况、竞争者促销手法等，并提出一系列增加销售量的方法，如：降价促销、增加广告、举办活动以刺激销量等。

老板看完大岛的方案后，只问了一句话："问题真的是出在销售策略上吗？"

首先专注于思考问题究竟是什么，而不是急着寻找答案，是麦肯锡培训必须学习的第一课。

因为唯有问对问题，才能找对答案。换言之，大岛不应该太快就把解决方案局限在如何提升销量上，而是要深

[①] 《麦肯锡工作法：个人竞争力提升50%的7堂课》简体中文版已由中信出版社于2014年5月1日出版。——编者注

入探究公司面临的真正困境是什么。如果厂商业绩下滑的症结是"低迷的市场",那么就算打再多折扣、砸再多广告,长期下来还是会因整体市场萎缩而陷入困境。

企业之间决定胜负的关键,除了"快"速之外,还要"准"确,否则只是一味追求快速,但是目标与方向却错误,下场往往就是"差之毫厘,失之千里"。

问对问题,在大数据的世界里,更显重要。因为大数据的特色之一,就是数据累积、储存和运算背后,都代表着相当程度的投资。问错问题,要付出的修正代价也因此更加高昂,除了人力与资金外,更重要的是大家都输不起的时间。因此,在追求演算效率之前,更重要的是设定正确的问题。

问题溯源
找到"问题背后的问题"(QBQ)

你可能会疑惑,到底什么才是"真正的问题"?我们又该如何找出"真正的问题"?

问对问题,主要是学习问"问题背后的问题",练习把问题不断依次往后推,进行"问题溯源"。当学生提出一个问题时,好的老师通常不会立刻给出答案,他反而会用新的问题来帮助学生厘清自己的问题。

亚马逊前首席科学家韦斯岸,曾出席一场阿里巴巴的座谈会,当时有人发言:"我们不清楚那些数据。"一位主管立刻反问:"你说不清楚是什么意思?你是不清楚是否有那些资料?还是不清楚资料是否正确?两者大不相同。还是不清楚如何解读数据?这又是另一种问题。"韦斯岸当即推崇反问者的问问题能力,而这位主管正是阿里巴巴集团执行副主席、来自中国台湾的蔡崇信。

许多企业登门求助于大数据从业者,往往急着解决公司面临的问题,如顾客满意度不高、商品的陈列位置不优等表象,但深究到底,我们往往必须面对一个商业现实:不管是顾客忠诚、商品陈列还是顾客分群,这些问题背后最终还是要谈到,增加营业收入的战略价值。唯有真正认清问题的关键,才能开始有效率地建构企业数据搜集的逻辑与方向。

在大数据时代,营销人和企业家要学会的第一件事,就是要去思考更根本的问题,不要只停留在问题表面,要能够不断地追问,究竟问的是表象,还是问题真正的核心?

跟我开过会的人,通常都听过我这样和客户对话:"你觉得你此刻遭遇到的运营问题是什么?""你针对所认为的运营问题做出了什么样的优化方案?""你用什么方式、多久检查一次方案执行的绩效?""你怎么定义执行效果是好还是不好?"最后,我还会穷追不舍地补上一个问题:"如果执行绩效不如预期,你基于什么数据去调整和优化方案,或者完全凭感觉?"

很多人会觉得这一连串的问题咄咄逼人,但是你自己试着回答一次上面这些问题,就会发现,其实有时候我们觉得烦或是不想回答，往往是因为这些尖锐的问题戳向我们平常不愿意触碰的事。

我们总是很习惯地活在自己所建构的舒适区，但如果你下定决心要解决最深层、最基本的问题，首先，请你先试着走出舒适区，不要回避问题，也不要给一些似是而非的模糊答案。

当你越来越熟悉这样的练习，你慢慢地就会发现，一个好的答案很简单、很直白，而且绝不折中！

牢牢记住，千万不要逃避问题！

你看到的只是冰山一角？
一定要从全视野看问题

古老的寓言故事"盲人摸象"，十个盲人摸同一只大象，有人摸到大象牙齿说，大象形如长长的萝卜；摸到象耳的说，大象仿佛一只簸箕；抓到象尾的说，大象细细长长，就像一条绳子……结果十个人得出十个截然不同的结论，而且没有一个是真正的大象。

大数据时代，企业学习问对问题是一个重要的课题，因为大数据时代，信息会排山倒海而来，超乎你的想象，如果不在源头就问对问题，就找不到正确的信息，反而会走冤枉路，一事无成。

要问对问题，必须克服盲人摸象的局限，从"全视野"的高度来看问题。

举个例子来说，有一个著名的国际女性内衣品牌，旗下共有6个子品牌，涵盖从少女到成熟女性，从低价到高价的全部内衣。

当他们发现少女品牌系列销售业绩不佳时，就一直聚焦少女内衣品牌的问题，想尽各种办法改善。

此刻，这个内衣品牌商就可能陷入了"线性思考"的框框，少问了一句："少女品牌销售不佳，到底是销售策略不对，还是少女品牌的旧顾客长大了，变成了成熟品牌的新顾客？"

两者要解决的问题完全不一样。如果是前者，就要立即检讨销售策略是哪里出了问题；如果是后者，就要重新检查全部品牌是否迎合了消费者的消费心理，在消费者成长阶段转换期做到无缝接轨。

一旦看问题的高度不够高、角度不够全面，就会犯短视的毛病，造成资源错置。从全品牌的整体角度来看，此问题可能是消费者在内部不同品牌间的转移问题，而非单纯的顾客流失问题。

一般常碰到的困局还有"本位主义"。原因是企业各个部门从各自的部门利益角度出发，往往就像盲人摸象，各自局限于各部门的数据与问题，造成集体误判，而且局部解法只会让问题剪不断、理还乱，最终造成部门之间产生摩擦。全视野的问题视角，不应只是高层管理者的责任，人人都需要有全视野的格局，才能看到真正的问题。

近代教育家陶行知，对于提问有一番见解："发明千千万，起点是一问。禽兽不如人，过在不会问。智者问得巧，愚者问得笨。人力胜天公，只在每事问。"

在大数据时代，如何问对问题？首先要厘清你的营销目的，并试着制定关键绩效指标来检查成效。当你基于部门的观点完成了关键绩效指标，接下来再试着把部门和企业整体的关键绩效指标放在一起思考，看两者之间是否有一致性和关联性，任何单一部门的营销计划都该符合企业整体的经营策略。

营销不能自欺欺人，究竟目标是 A 到 B，还是心中有隐藏性答案 C，两者做法可能完全不同。而且，只有问对了问题，才能真正让大数据协助你有效率地监测、学习与修正，确保营销的关键绩效指标能够顺利达成。

第二是试着挖掘问题背后的问题（QBQ）。

作为大数据时代的营销人，我们应该永远对问题充满好奇心，不断自我挑战，不断地追根究底，思考与分辨哪些是表面的问题，而哪些是真正的核心关键。这是一个不间断的练习过程。

怎么样可以做得更好？深入地了解你的市场、商品和营运模式是关键，而这些经验都来自于日常的观察、失败的检讨与倾听顾客的意见。然后，别一直呆坐在办公室里面思考和写策划案，有时候走进你的商业环境观察顾客，用大数据的眼光去重新审视每一个你认为理所当然的环节，你会看见很多意想不到的问题。

我曾经听过一个知名小家电品牌的营销人，抱怨各个销售门店回传的顾客数据总是慢半拍，而且数据参差不齐。他直觉判断一定是缺乏门店奖励方案，让门店服务人员对于这项额外的工作兴趣索然。于是，接下来的半年他不断地修正奖励办法，但就是没法改善顾客数据的完整度和实时性。

直到有一天他正好经过一个门店，一时兴起就走了进去。看着他们的热卖商品让柜台人员忙到不可开交，他心里嘀咕着：这么大的客流量，但是每天回传的顾客数据却少得可怜，正想找店长兴师问罪的时候，突然，旁边正在留顾客数据的消费者没好气地跟门店服务人员说："你们的顾客数据表太复杂，解释得也不清楚，我下次有空再来填。"说完，就提着刚结完账的商品扬长而去。

你看，对于问题的深度洞察，依赖于对运营环境透彻地剖析与观察。前面提到的真实案例就是很好的证明。我们看到数据搜集效率不好的事实，就觉得是门店服务人员没有尽到责任，以为通过门店奖励的方案，就可以解决顾客数据搜集的问题，但事实上，顾客数据表单的设计不佳，才是问题背后真正的魔鬼。

大数据时代，问对问题，可以找到症结所在，让答案彰显无遗；此外，问题的不同，也影响到数据的搜集，而唯有问对问题，才能搜集到正确而且有价值的关键数据。

20/80 法则
不是大就美，小而准的数据含金量更高

> 数据质量重于数据规模。数据越大，不确定性越高，含金量则越少；反之，数据越小，结构化而准确，含金量越高，越能轻松挖掘到你要的答案。

大数据热潮风起云涌，成为最热门的趋势话题。社交媒体的兴起，更助推了这股热潮，让人以为，掌握社交大数据，就可以掌握营销、掌握消费者。仿佛淘金热一般，许多企业纷纷投入资源用于社交媒体，试图挖掘大商机。

大明在脸谱网上提到了手机，某厂商就以为是生意上门。事实上，从网络讨论到真正付诸行动购买，中间仍隔着上百个关卡，比如是否真有需求、是否有足够预算等，距离还十分遥远。看到数据就分析，就像看到黑影就开枪，可能徒劳一场。事实上，从社交媒体上得到的数据，往往并没有办法立即转换为营收。

有些人似乎将社交媒体当成提升公司业绩的救世主，有公司甚至连销售网点管理系统（Point of Sales，POS）都没有，却急着花费巨资，找社交媒体分析从业者帮忙产生

名单，找关键意见领袖……但从社交媒体得到的数据到底吸引多少人？效果究竟如何？根本无从衡量。

其实，最能反映公司营业收入的数据就是公司自己的交易数据。很多企业根本还没开始分析自己公司里小而准的交易数据，就开始投入大而乱的社交数据分析，是舍近求远的做法。

20/80 法则
锁定小而准数据，才能挖到金矿

由意大利著名统计经济学家维尔弗雷多·帕累托（Vilfredo Pareto）提出的"20/80 法则"（又称为"最省力法则"）主张，80%的产出往往源自于 20%的投入。成比例的投资回报率是 20/80 法则的最大特色。

20/80 法则应用到大数据，意指在所有的大数据里，仅仅 20%的数据就占据了高达 80%的价值，剩下来 80%的数据，其效用与价值就只剩区区 20%。掌握 20%的数据就掌握了 80%的成果，而且通常这 20%都是些显而易见的数据，换言之，根本不需要去找远在天边、遥不可及的数据。

有一家公司买了一份包含 1 000 万个消费者的大数据，这数据里面有 100 万人是本公司的消费者，另外的 900 万人则是竞争公司的消费者。厂商利用这份大数据进行广告投放，最后共吸引 1 000 个人购买产品，但是结果却发现，1 000 人当中有 900 个是自己的顾客，只有 100 位是从别处转移过来的。

　　数据分析更重要的应该是数据的质量，而不是数据的大小。大数据依性质可分为三类：小而准数据、大而乱数据以及开放数据。小而准数据如POS（销售网点管理系统）交易数据，结构化而准确；大而乱数据就像社交媒体数据、Wi-Fi（无线上网）数据，非结构化而且杂乱；开放数据则是指像天气、人口普查之类的开放数据（详见图1-4　小而准数据含金量较高）。

大而乱数据	小而准数据	开放数据
Big and Messy data	Small and Accurate data	Open Data

图 1-4　小而准数据含金量较高

大数据依性质可分为三类：小而准数据、大而乱数据以及开放数据。小数据含金量高而准确，若可以轻松用小数据解决问题，何苦在大数据里苦苦寻找

　　数据越大，不确定性就越高，含金量则越少；反之，数据越小越精准，含金量则较高。小而准的数据因资料采集明确且与核心运营项目关联性高，所以含金量比其他两者高。如同淘金采矿一样，数据炼金术，应先从含金量高的下手。此外，必须先有处理分析小而准数据的能力，才能进一步处理大而乱的数据。

　　大数据时代，竞争的关键是解决问题与决策反应效率，如果用小数据就可以轻松解决的事情，何必大费周章地使用资源和成本相对高的大数据。此外，在小数据上应用大数据的观念，也可以创造同样的价值，关键是数据必须能够被衡量与掌控。以小而准的数据为基础，行有余力，再去进行不同类型数据之间的相乘与结合，才是明智的大数据抉择。

人的心智能力和体力有限
降维让数据可视化、自动化

大家一般都会提到大数据的四大特性：数量大、速度快、多样性、不确定性，可是，很多人都忽略了第五个特性：价值的重要性。前面的四个特征只勾勒了大数据的样貌与轮廓；我们更应该刨根问底的是，大数据经过整理和运算后，能够为营销人的决策优化带来什么具体贡献与价值（详见图1-5 大数据千变万化）。

图1-5 大数据千变万化

大数据有四大特性：数量大、速度快、多样性、不确定性，信息大爆炸，若不降维，很难找出数据意义，更别提做出决策

进入大数据时代，庞大且不断爆炸增长的资料数量是最大特点。大企业的交易数据随便一运算，结果就是1 000

张报表。

这1 000张报表，远远超过人类能够理解与承受的上限。人类的记忆系统根据维持信息的长短，分为"短期记忆"与"长期记忆"。其中，"短期记忆"又称"工作记忆"，容量有限，只有7±2个区块（Chunk），就是5到9个区块。换言之，人的心力（Mental Capacity）是有限的。

举例而言，当局制定经济景气指标，后面涉及庞大的经济海量数据运算，然而经济景气指标的呈现，却只有清楚简单的红、黄、绿、浅蓝、蓝五种信号。这就是报表可视化，将复杂的数据报告精简到人的心力可以接受的范围，又称之为化繁为简的"降维"（详见图1-6 降维：看得懂也能动手做）。

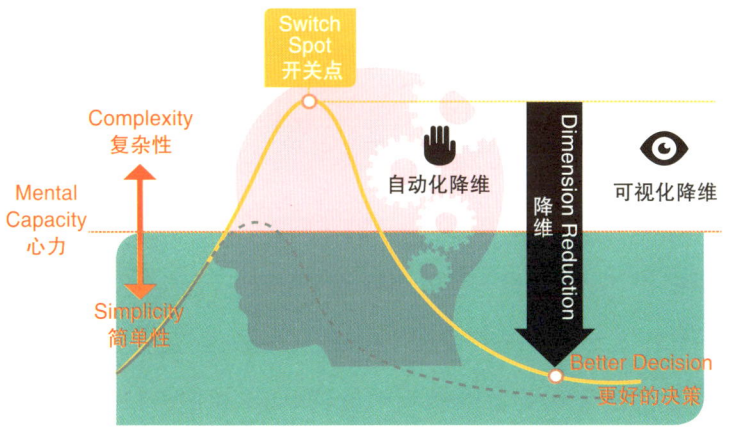

图1-6 降维：看得懂也能动手做

当数据超过心力的临界值，就必须进行降维，如上图抛物线所示。降维有两大做法：一是认知降维，做到可视化，将复杂的数据报告，精简到人的心力可以接受的范围；二是执行上的降维，自动化以人机分工，降维到个人体力能承受的程度。

人只要负责辨识信号，即可掌握经济景气的好坏，并不需要旷日费时地直接判读背后的大数据。

换言之，人或许无法看1 000张企业报表，但是可以辨识10个指标。将复杂的大数据降维，简化到人可以处理掌握的范围，把大数据整理出来形成一些观点或维度，这是认知的降维。

因为人的心力有限，所以需要将高度复杂的数据降维；同样地，人的时间与体力也有限，因此，在执行能力上也要降维，降到一个人的体力能够承受的程度。

人无法同时执行100万种营销活动，但是机器却可以，这是另一层次的降维，是执行的降维，让机器做机器擅长的事，人做人擅长做的事，亦即自动化。

"if-then-else"（如果—则—否则）自动化方程式
人机分工，营销人专心做决策

"if-then-else"这个简单的逻辑可以诠释这样的自动化历程："if"是假设一旦侦测到某位顾客进入沉睡的状态，他到S3（会员存活概率低于10%的沉睡顾客）了；"then"系统自动触发一封沉睡顾客唤醒的eDM到他的信箱，如果侦测到他48小时内看过信，则任务完成。否则就要进入"else"阶段，再发一次短信给他，先从历史交易数据判定如果他是高贡献度的顾客，系统就自动把A短信发给他，如果是低贡献度顾客，则发B短信。

这个过程，若是以人力来执行，前后至少有6道工序，需耗费相当的人力资源与时间。营销工作十分繁重，营销人员每天忙着赶报表、制定营销策略，还要拟定公司年度计划等，能如期将所有事情完成已十分难得，很难再有多余力气与时间进行优化的工作。

用"if–then–else"执行降维，只需一条程序就可以完成所有动作，换言之，降维就是将人做的事情交给机器做。营销人的价值，就可以还原到负责更有意义的营销决策、用数据诠释更高价值的工作。

大数据时代，数据数量与复杂度大幅提升，如何降低人的认知与执行复杂度，成为迫切而重要的任务。一是认知能力，一是执行能力，两者的降维，前者将带来大脑的解放，人可以思考更重要的决策；后者将带来体力的解放。两种解放，让人可以做人更擅长、更有价值的事情。

零时差营销
从旧 4P 到新 4P，预测下次购买时间

> 大数据营销新 4P，实时预测消费者状态和动态，零时差、零误差的个人化营销，一个人就是一个分众市场，营销命中率 100%。

大数据结合营销——大数据营销，将成为最具革命性的营销大趋势。大数据营销甚至可能颠覆奉行近半世纪的营销 4P 理论：产品（Product）、价格（Price）、渠道（Place）、促销（Promotion）。

大数据下的营销将产生一个全新的 4P：消费者（People）、成效（Performance）、步骤（Process）和预测（Prediction）。最先提出新 4P 理论的是全球最具权威的 IT（信息技术）研究与顾问咨询公司——高德纳咨询公司（Gartner Research）的副总裁金百利·科林斯（Kimberly Collins），而我们将最后一个 P（Promotion，促销）修正为预测（Prediction）（详见图 1–7　新 4P 革命：实时预测带来智慧控制）。

从旧 4P 到新 4P，大数据营销究竟如何颠覆传统营销？首先，企业应该从过去"经营商品"思维，转向以人为核心的"经营顾

客"思维，而大数据时代，正提供了观点转型的最好时机。大数据让"一对一营销""个人化营销"不再是天方夜谭，而是基本服务。

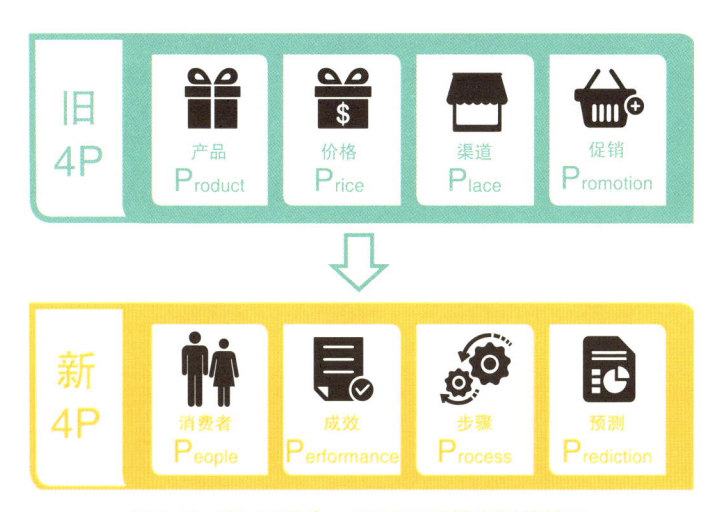

图 1-7　新 4P 革命：实时预测带来智慧控制

大数据营销颠覆近半世纪的营销 4P 理论，从产品（Product）、价格（Price）、渠道（Place）、促销（Promotion），发展到全新的 4P：消费者（People）、成效（Performance）、步骤（Process）和预测（Prediction）

每一位消费者的购买时间、购买周期、购买特性都不相同，传统营销无法做到很细致的个人化营销，多是大众营销或群体化营销。例如传统营销依据消费者的需求和差异性等，将市场区分为各个不同群体。例如一家运动鞋品牌有 7 个细分市场，然后搭配 7 项营销活动，往往已经耗费不少人力物力。

但是大数据时代的营销，市场细分可以是 7 万个，相应的营销活动也有 7 万个，同时在系统上或平台执行，若像传统营销一样只能依赖人力去执行这 7 万个活动，几乎是项不可能完成的任务。每个人的购买行为、消费习惯都不一样，但是传统营销因为资源与人力的限制，往往只能是人去配合营销，而不是营销来配合人。当企业一次只能执行 7 项营销活动，自然只能是活动找人，而不是差异化的人找活动。

但是当营销活动有能力变成多达 7 万个时，每一位消费者都可以从 7 万个活动中找到最适合自己的活动。我们必须转变旧的营销观点，变成人找活动，而不是活动找人。

一旦营销活动从人群到个人，市场细分越来越细，或者说每个顾客都成为一个分众市场，个人化营销应运而生。

第一个 P：消费者（People）
NES 模型，再多的顾客问题都只分 5 种

大数据营销的第一个 P 是"消费者"。在大数据时代，以人为核心，消费者存在两个最大特征就是异质性和变动性，其中又以变动性最难掌握（详见图 1–8　营销新 4P 的第一个 P：消费者）。

对于顾客来说，我们建构了一个 NES 模型：

N=新顾客（New Customer）。

E=既有顾客（Existing Customer），分三种：

1. E0 主力顾客：个人购买周期 2 倍时间内重复购买的人。

2. S1 瞌睡顾客：超过个人购买周期 2 倍未重复购买的人。

3. S2 半睡顾客：超过个人购买周期 2.5 倍未重复购买的人。

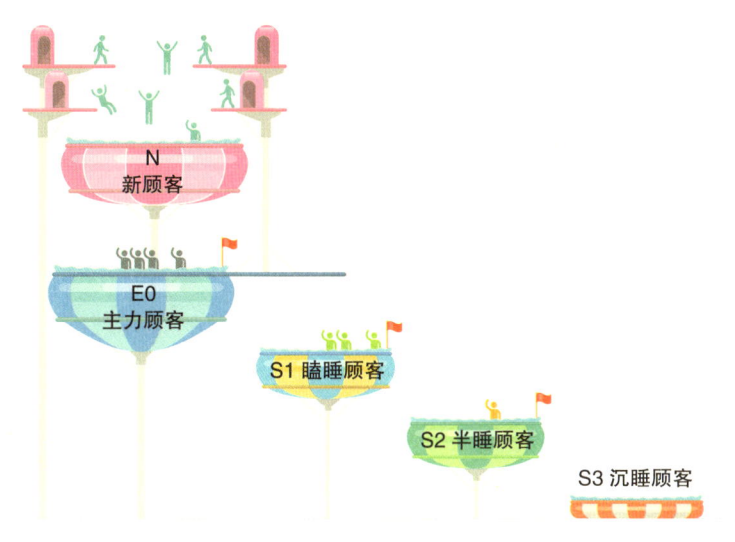

图 1-8　营销新 4P 的第一个 P：消费者

大数据营销的第一个P是"消费者"。顾客类型有成百上千种，但营销新4P，NES模型将顾客分为5种状态，分成N（新顾客）、E0（主力顾客）、S1（瞌睡顾客）、S2（半睡顾客）以及S3（沉睡顾客）

S=S3=沉睡顾客（Sleeping Customer）：购买频率超过个人购买周期3倍未重复购买、重复购买率低于10%的人。

NES模型是为了实时掌握顾客的变动性而设计，根据消费者实际交易数据演算，并配合数据更新进行动态修正。NES模型将消费者分成N（新顾客）、E0（主力顾客）、S1（瞌睡顾客）、S2（半睡顾客）以及S3（沉睡顾客）5种类型。随着顾客沉睡度越来越深，品牌能够有效唤醒顾客的机会越低，而相应的唤醒成本也将越高。

营销人以往将营销预算和时间花在以下工作：从顾客之前的累积消费贡献，与前一次的交易记录，结合顾客的性别以及消费能力指标，来确定他们的标签与经营方式。

但在这些数据背后，我们低估了时间对消费者动机干扰的影响力，只通过一个平均数的概念，"大概"定义了超过180天没有重复购买的顾客，就是所谓的"沉睡顾客"。

事实上，当我们将数据通过NES模型进行演算后发现，很多顾客早在120天左右就进入了S3（沉睡顾客）阶段，品牌一刀切的时间定义，让企业错失了关键的唤醒时机，然后在低唤醒率的S3阶段才着手补救。这些看似微不足道的小细节，却在浪费企业宝贵的成本与资源。

实时掌握每个消费者的实际状态，是大数据营销最重要的第一步。如果我们已有能力为每个顾客量身定制专属的沟通时间节点，营销网随时都可以收紧，就不致有太多顾客流失。

第二个P：成效（Performance）
每一间店都可以做自己的营销

大数据营销的第二个P是"成效"。"获利"是企业经营的共同目标，影响获利的因素有很多，说穿了就是三个营收影响目标：顾客数增加、客单价提高、活跃度提升（详见图1-9　第二个P：成效）。

前面的消费者主要讲顾客状态，成效讲的就是顾客动态。对于顾客流动反映在门店导向的观点，我常观察到企业在评估营业收入时，发现顾客数下滑，就直接判定新客源疲弱不振是造成营业收入衰退的罪魁祸首，立刻决定砸

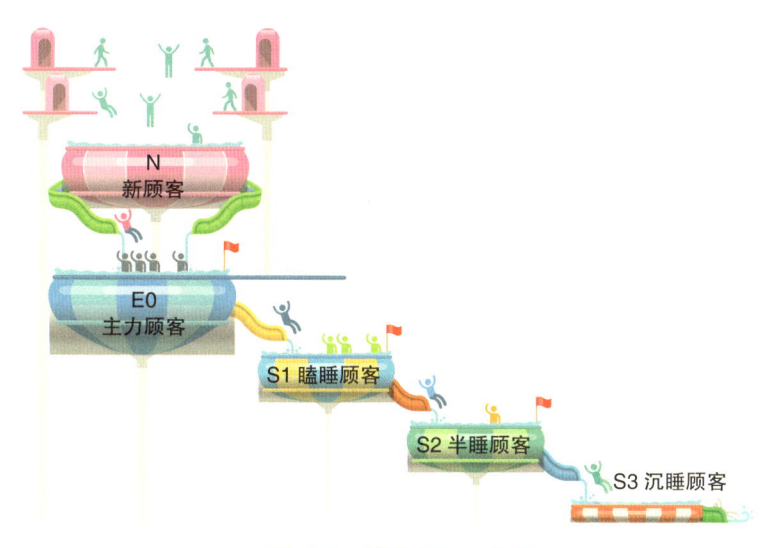

图 1-9　第二个 P：成效

大数据营销的第二个 P 是 "成效"（Performance），讲的是顾客的动态。先用 NES 把顾客分为 5 类，但顾客的状态却是会改变的，就像图中的人在溜滑水道一样。如果不做顾客关系管理，或者在错误的时机、沟通错误的信息，那就会让顾客不断流失。

下重金，安排进店送礼品活动提升新客源，期望能够一举提升销售势头，拉抬业绩，结果，新顾客数确实明显增加了，但营收却仍旧没什么起色（详见图 1-10　提升获利，各店铺策略大不同）。

原来藏在数据背后真正造成营业收入下滑的原因，其实是高贡献度的忠诚顾客大量而且快速流失。活动提升的新顾客对营业收入帮助极小，当务之急应是先找出忠诚顾客流失的原因、制订顾客挽回方案，先固本然后才去找新顾客。

看错数据会错意，不但会让商家消耗无谓的营销预算和时间，解决一个无关痛痒的问题，更进一步给对手可乘之机。这一来一往之间，胜负立判，能不慎乎？

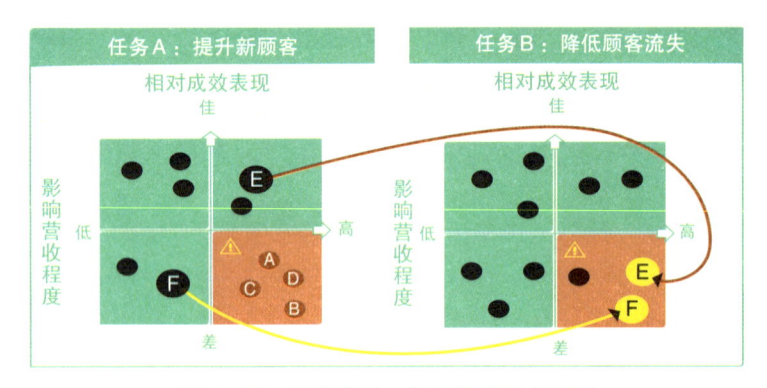

图1-10 提升获利，各店铺策略大不同

图中以拥有11家分店的一家企业为例。当企业用整体单一指令的指挥方式来经营的时候，很容易就会下达11家店通通在下一季执行任务A的指令，全面招募新顾客；但是当我们通过NES并结合波士顿矩阵将顾客进行细分后，我们将清楚地看到，只有A至D这四家店需要执行任务A。

招募新顾客这个指标对分店E的营业收入干扰很大，但是此刻分店E在招募新客的表现上已经很好，当前影响分店E的反而是降低沉睡顾客大量流失；同理，分店F虽然在提升新顾客这个指标上表现不佳，但是这个指标对F分店的营收几乎不造成干扰，反倒是沉睡顾客的流失，才是真正关键。

所以，不只是针对不同顾客要个性化沟通，分店的运营管理通过数据分析，也应该要能够做到个别营运任务的差异化分配

换言之，每一家门店营运的关键绩效指标都应该根据自身问题做个性化设定。比如说台北在做顾客新增的时候，高雄可能应该做防止顾客流失；台北一店在做顾客新增时，台北二店可能应该做防止顾客流失。商家应该仔细分析各门店的数据，来决定它们应该优先改善什么。

第三个P：步骤（Process）
找出Priority（优先项），优先处理危急问题

大数据营销的第三个P是"步骤"，通过有层次的执行

程序，改善营收方程式。营业收入的3个变量出现问题时，应该采取什么样的战略，去解决问题（详见图1-11 第三个P：步骤）？

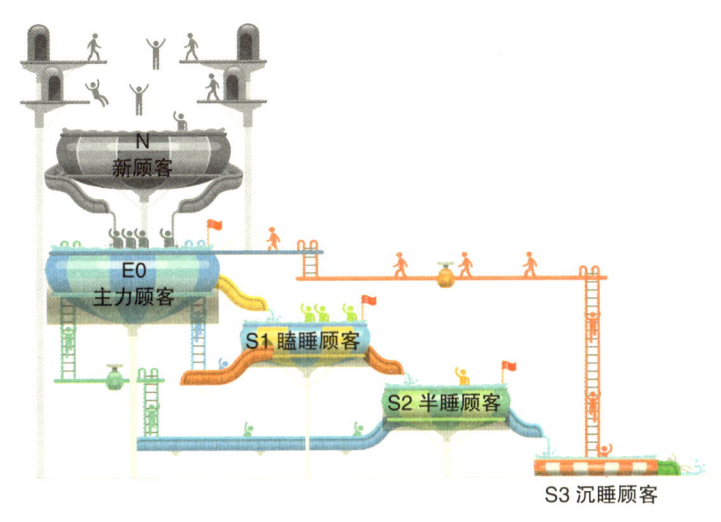

图1-11 第三个P：步骤

大数据营销的第三个P是"步骤"。消费者必然有新顾客（N）、主力顾客（E0）一直到沉睡顾客（S3）等5种状态，然后又发现顾客不断地往下一个阶段流失，很多人看到这里就已经开始垂头丧气。但是第三个P要告诉你，流失是可以被控制和改善（唤醒）的。营销人员在不同的阶段，应该设定对应的营销活动，比方说，在顾客E0阶段规划提升顾客忠诚度计划，或是在S1、S2和S3不同的停滞阶段，设计唤醒方案。

当商家发现营业收入下滑，先评估单品销售状况、进店数与客单价等数据。假设顾客人数不够，应想办法增加新顾客，或是想办法留住老顾客。如果是顾客活跃度不够或忠诚度不足，则可以针对早期再次购买顾客（短期内马上二次购买的顾客，很有可能成为主力顾客），或现有顾客，进行定期关怀、购买时的事先提醒等，以不同的行动提升顾客活跃度。

如果问题出在顾客的客单价不够，则进一步去评估，究竟是新顾客不足，还是老顾客不够。倘若新客的客单价不够，通常是因为用了不当方式促销，用很优惠的价格吸引新顾客进来，进来的是不健康的顾客，接下来他很可能没有办法继续贡献价值，导致新客的客单价太低、重复购买率也太低等。

第四个P：预测（Prediction） 精准预测顾客再次购买时间

如果说步骤告诉营销人营收方程式和顾客流动是可以被控制的，那大数据营销最后环节"预测"，就是宣告这样的控制能够被智能化地监控与执行（详见图1–12　第四个P：预测）。

顾客就像水一样，水往低处流，从第一次购买的新朋友，到渐行渐远的流失客户，这个过程是常态。但有了大数据之后，营销却可以及早做出应对方案。用数据分析未来，预测出会员的"再次购买时间"，让商家在对的时间与最有可能上门的顾客说话。

假设顾客的状态就像五阶段的水槽装置，从新顾客（N）一路向下流向沉睡顾客（S3）。"智能控制"可以观测每一个环节，当水槽水位或是管线流量出现异常时，系统自动对它做回馈、修复，或是提出警告，哪个环节出了问题，并依据关键绩效指标自动做出最优化的调节设定。例如，顾客从主力顾客的水槽流到S3水槽，也就是说高达

90%的机会顾客会彻底流失。仿佛男女朋友，等到快分手才去挽回，不但事倍功半，成功挽回的概率也很低。

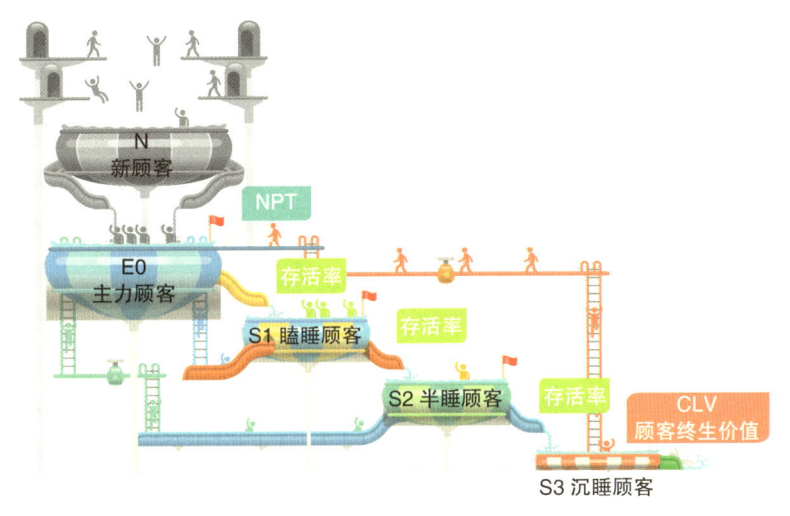

图 1-12 第四个P：预测

水往低处流，要把越低层的水抽上来，越需要更大的动能。同理，NES顾客模型就像五个层层向下的水槽，为预防顾客不断地从主力顾客（E0）慢慢滑落到无法挽回的沉睡顾客（S3），我们不但要建立有效的预警和调节机制，而且这套机制，必须通过大数据的演算和预测，做到"智能控制"，基于人机分工的策略，实时观测、适时调整，而且一切的控制都是基于演算和预测后的最佳决策

但是，当主力顾客开始流向沉睡顾客时，必然先经过S1（瞌睡状态）、S2（半睡状态）两个水槽。透过智能控制，就可以在S1瞌睡阶段事先观测到，当发现顾客已经有一点儿疏离，智能控制就会给出关怀或提醒等，以减少顾客的流失。

"智能控制"可以做到实时观测、零时差沟通和个性化信息。实时而且适时地调节，完全零时差、零误差，这也是整个大数据营销的精髓。

大数据＋厚数据

数据会说话？说话的是人

> 随着情境的改变，人的行为也会有所改变。如何深入情境、掌握情境变化，需要依赖厚数据。大数据科学加厚数据心理学，才能真正读懂人心。

什么叫"数字会说话"？对统计学稍有了解的人，都知道要让数据说话，必须先建立假说、观点，有了假说，数据才有意义，而假说是由人来设立。换句话说，其实真正会说话的是人。

很多人都误解，大数据是以数据定输赢。其实在大数据的世界里，决胜负的关键，并非数据运算能力，也不是依赖统计技术，真正能够成为数据赢家的其实是运算观点。观点就是假说，观点形成后，会产生判断，然后才有更进一步的预测。

美国当代知名的统计与预测鬼才纳特·西尔弗（Nate Silver）研发的棒球赛事预测系统PECOTA，因为精准至极，吸引知名棒球评论媒体Baseball Prospectus 收购。他还曾靠着自身的统计天才，在德州扑克牌局赚进上千万美元。他成立的"五三八"网站，两次成功预测奥巴马赢得大选；奥巴马第二次当选时,西尔弗的预测更是 50 州全部命中,准确率百分之百。

大数据时代,数据与人的关系有时很奇妙,西尔弗提醒:"数字没办法自己讲话,是我们在替它们说话,我们赋予它们意义。我们可能会用对自己有利的方式来解释数据,让数据脱离客观的现实。"

他认为:"信息总量快速增加,速度之快,让我们对如何处理信息的理解,以及我们分辨有用信息和虚假事实的能力往往都跟不上。我们拥有'太多信息'的时候,本能地会采取的简便做法就是选择性处理,挑出我们喜欢的部分,忽略剩下的部分。"因此,"要求更多数据之际,人更应该自我要求"。

点赞,就真的代表喜欢?
关于人的数据有 80% 不准确

在世人追捧大数据之际,我们更需要好好沉淀,思考一个大数据的关键问题:假如大数据是一个大金矿,它的实质含金量的比重究竟是多少?

大数据的四大特性之一,就是不确定性。而且,有研究期刊指出,关于人的数据,有高达 80% 的不准确性。

事实上,对于人的不确定性,人文社会科学早有深刻的研究。人文社会科学的研究对象是人,人和自然科学的研究对象物质的特性完全不同。后者可以做到完全精准、可操控，如牛顿的经典力学，可以精准计算出物体的运动方向与位置。

但是人在与环境的互动中会碰撞出高度复杂的变动性和异质性，因此和人有关的数据，自然也充满不确定性，有无数种可能的猜测与想象。

以人为主体之社交媒体数据的正确率究竟如何？每个人对于脸谱网点赞的决策不同，比如朋友买了一个东西上网分享，A觉得很好看点赞，B觉得不怎么样，但还是会点个赞，以示鼓励。换言之，每个人对事件的定义、评论和想法都不同，在社交媒体上的发言也可能还有所保留，只是一种客气、一种社交礼节。当这些礼节创造出来的数据形成一张报表时，你有多少信心，可以根据这样的数据质量做出正确决策？

此外，人会因为时间、地点、需求等的不同而改变。例如某人很喜欢可乐，但由于胃不舒服，因此外出用餐时，只要老婆在一旁，他就不会点可乐，但是当他是一个人或和朋友一起时，就有可能抵挡不住可乐的诱惑。人随着不同的情境、时间而有不同的行为模式，现在是拥有对某品牌的购物欲望，下一秒就可能改变。

而当数据越庞杂，数据的不确定性就会越大。假设交易数据的准确度是80%，那么社交媒体数据的准确度，可能降低到50%，再将另外一个准确度也是50%的问卷数据一同评估，3个数据库结合的最后准确度只剩下20%，而其中社交媒体与问卷数据50%的准确度，仍可能是过度乐观的预估。

因此，如何深入情境、掌握人在不同情境中的变化，成为关键。如何分析情境，则需依赖"厚数据"。

乐高玩具的逆袭
厚数据读懂消费者的心

知名的儿童玩具乐高积木（LEGO），在 2004 年时，产品一度与消费者严重脱节，导致每天亏损额高达 100 万美元，濒临破产。

为了拯救业绩，乐高决定改变产品路线，往市场畅销的儿童玩具类型靠拢。市场调查告诉他们，现在儿童喜欢的是"瞬时驱动"、能够即拿即玩的玩具，对于像经典乐高积木那样需要"一砖一瓦"慢慢组装的玩具，现在的小朋友缺乏耐心。

当时新上任的首席执行官，乔丹·维格·纳斯托普（Jorgen Vig Knudstorp）最后却决定从头开始，从更根本的角度理解儿童怎样玩和为什么玩。他聘请的专门人员去和孩子一起玩耍，而且不是在专门的小组里，而是在实实在在的现实生活里。

在搜集了无数小时的视频、数以千计的照片和日志以及数百个用乐高搭成的模型后，乐高进一步将所有信息进行编码，从中找寻跨越地域和年龄的内核模式。

深入游戏情境的厚数据，让乐高发现，并不是每个孩子都喜欢搭乐高积木，但爱搭积木的孩子却会对此十分着迷，他们不但会热衷于把积木搭好，也想了解自己处于什么样的水平。

乐高的团队领悟到：他们应该回归"一砖一瓦"，重新强化自己的核心产品——乐高积木。

透过"厚数据"，深入了解孩子们的体验情境和需求情境，乐高进一步推出电子游戏、乐高大电影，百年玩具老企业终于成功逆袭。所谓的"厚数据"与强调数据规模的大数据不同，厚数据更重视产品或产业数据的深度与情境，而好的数据观点，也往往是从厚数据产生，而非大数据。厚数据强调深入用户情境，需要厚实的产业知识为底，透过厚数据，将产品与消费者做更紧密的连接。

另一家全球医疗器械巨头康乐保（Coloplast）制造的护理用品一直处于市场领先地位，但是，这个优势近期却逐渐消失，市场占有率不断下降。为了挽回市场地位，他们决定让自己置身于用户的使用情境中，通过影片、照片和其他第一手资料，搜集、整理和分析有价值的"厚数据"。

以造口袋（肠道疾病或腹部创伤时，将肠子缝到腹部皮肤表面，用以收集肠道排泄物的袋子）的问题而言，数据分析结果显示，康乐保的研发人员耗费最多时间、金钱的黏合剂并不是问题的关键，导致渗漏的原因其实是，患者身形各异且体形也在不断变化，许多患者术后体重大幅增减，或产生疤痕组织，因而与造口袋不吻合，导致造口袋很难固定。

发现真正问题后，康乐保立即针对各种体型开发出三类不同的产品。这不仅帮助患者解决了渗漏问题，也让该公司明确了未来创新的清晰视角和方向。

大数据＋厚数据思维
提早掌握未来趋势

因为重视数据的规模数量，因此，大数据容易造成的盲点是忽略未来趋势。一个经典的案例是，PL Data 公司（一家致力于帮助企业组织在大数据时代进行创新的公司）创始人 Tricia Wang（王圣捷），是位著名的全球科技人类学家，她曾经为诺基亚公司进行市场研究，当时诺基亚在整体商业模式上正面临挑战。

Tricia 的厚数据研究发现，低收入消费者已经准备好为更昂贵的智能手机埋单。因此，她建议诺基亚必须转变产品研发策略，从制造价格昂贵、面向精英用户的智能手机，转而开发价格适中、面向低收入用户的智能手机。

当时诺基亚的反应是，此研究样本数量太少，和他们数据库里成百上千万的样本量相比，简直微不足道，并且根据他们现有数据，Tricia 的发现并没有相应的大数据证据支持。因此，诺基亚放弃可以奋力一搏、逆转败局的竞争筹码。最后，诺基亚被微软收购，2015 年 9 月时它的全球智能手机市场份额仅剩 3%。

大数据应用在营销领域中，很大部分都是在处理跟人有关的数据，而不是没有生命的物质。大数据背后代表的是人的需求、人的行为，因此不能单纯依靠技术或数字，而必须去思考品牌、产品和人之间的关系。未来的趋势是若只从现有的大数据发现和判断，过度信任数字呈现的结果，将有可能造成误判。此时，通过深入使用情境，探知因消费者需求影响而形成的未来产业发展趋势，即是厚数据极重要的价值。

数据会说话？
用哲学思维找答案

当前，全世界各产业都被告知需要大数据，大数据成为驱动下一轮创新的原动力，同时，数据科学家也成为热门职业。但与其说大数据需要数据科学家，还不如说是数据哲学家。面对大数据，要有科学家的逻辑思考，更必须有哲学家的思维。

数字并不等于人，人的行为产生的数据，充满不确定性，嘴上说的、心里想的和实际做的，三者无法画上等号的。

这些不确定性，必须通过人所建立的观点与模型来解释，在何种情况下的话语是比较可信的，或者说了多少次话，可信度才开始提升。

数据科学家需要拥有并熟悉横跨三大领域的知识，包含计算机科学、统计分析和产业核心知识，前两者着重于技术层面，而产业核心知识即大数据的哲学来源。当你理解产业核心，你便能在一片数据中找出关键观点，并用厚数据思维，做出既有科学根据又洞悉人心的决策（详见图1-13 大数据需要跨界人才）。

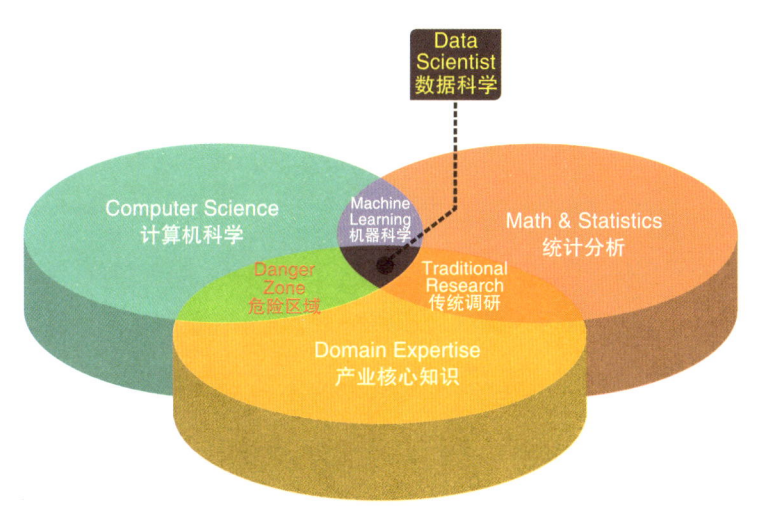

图 1-13 大数据需要跨界人才

　　数据科学家要熟悉横跨三大领域的知识，包含计算机科学、统计分析和产业核心知识。前两者着重于技术层面，而产业核心知识即大数据的哲学来源，越理解产业核心，就越不容易迷失在数据海洋。但要注意危险区域（danger zone），拥有计算机科学和产业核心知识的人才，容易低估统计演算逻辑的重要性，而落入错误判断的陷阱。

　　在大数据领域中，永远别忘了，让数据说话的是人，你需要的是左脑与右脑的均衡发展，用哲学的思维、科学的方法找出答案。

PART 2 把手按在
顾客的脉搏上

终结猜猜猜

　　商业百年更迭,遵循的是一条"猜"的路径,直到大数据时代的到来,为"猜"画上了句号,同时揭开了精准营销时代的序幕。

在短短1分钟内,有一个你看不见的数据世界正快速转动。谷歌产生了27万条搜寻记录,亚马逊成交了14万美元的订单,脸谱网新增了300万个点赞数。这些大量且迅速更新的数据,有着快速累积且有迹可循的特质,代表着使用者的消费意向、购物偏好,还能计算出下次购买时间。这些线索一一串联成网,像是牧羊人的手杖,准确指引出品牌导向大数据淘金的路径。

大数据,不藏在高高的云端里,而是实际落在了你我的生活环境中,与人们生活最贴近的零售业首先发生改变。电商界有句名言:"街上没人,不等于没人逛街。"中国淮海路上各家名牌旗舰店中的人潮,远比不上淘宝在线店365天、24小时、日日86 400秒网购人流。当所有品牌进入电商世界,每个消费者既是买家又是卖家,B2B(企业到企业)、

B2C（企业到消费者）、C2C（消费者到消费者）界线逐渐模糊，大数据下正在发生一场颠覆性的新革命。

大数据引发全球产业大洗牌，其中有两大趋势你不可不知：第一，最大的零售平台已经不在实体渠道，而是出现在网络上；第二，消费者不再是最末端的产品接收者，而是直接决定供应链生产的主角。这两个已经发生的事实，都在预言一件事的到来："数据"将成为人类最重要的共同资产。

无论是品牌商还是消费者，大数据到底让这个世界产生了哪些改变？

C2B（消费者到企业）新商业模式就是答案。这是新世界的游戏规则，更是无穷的商机。大数据引领的新商业模式，宣告一场翻天覆地的新经济转型开始了。在大数据的世界里，你不用再猜你的目标顾客在哪里、别再纠结明年的畅销款是红色还是绿色，更不用再发愁如何向老板汇报，因为数据已经帮你找到答案。

Inside-out（由内而外）思考螺旋
找到C2B新商业模式

大数据开创的C2B新商业模式，第一个要颠覆的就是传统零售业，因为零售业与人最为息息相关。由消费者不断自行生产出的无限数据，就是带领零售业转型的新兴动力。

零售业百年历史的老规矩是"先产后销",先耗费成本制作出一批商品,想尽营销方法卖给设定好的目标顾客,卖完了再追加,卖不完就成为最令人头痛的库存。这就像在赌盘上下注,没人知道输赢。

但大数据时代,新规矩是"有销才有产",称为C2B新商业模式,因消费者需要才制造商品。换句话说,每个商品在诞生前已经拥有主人,供需关系紧密连接,没有成本浪费,也没有库存。

这不是理想化的未来,而是已经急速发展中的零售业现状。中国西装品牌"青岛红领",一天生产3 000件西装和衬衫,但在众多生产线上绝对找不到两件完全相同的衣服;还有一家"尚品宅配"家具电商,依照顾客的喜好与房屋尺寸,免费提供家居设计方案,让消费者先看效果再决定是否购买,确定下单才进入生产流程,每件家具在制造前,已经注定住在谁家。

这对零售业者来说是前所未有的巨大冲击,包括订单质量与产销方式的改变。C2B打破了生产者主导的传统,转变为以消费者为主导的"碎片化"生产模式。"碎片化"指的是,"小批量、多批次"的个性化定制服务,也就是下订单的对象量变少,但是下单频率提高,与过往"集中标准化"的大型订单形成显著差异。

在B2C时代,将同一件商品卖给1万个人,这1万个人在品牌商眼中毫无差别。大数据时代,翻转了规则,C2B是最流行的"逆生产"方式,品牌商是将1万件不同商品卖给1万个顾客，而这1万个顾客里，绝对没有一模一样的两个人。C2B让以往形同陌路的客服与营销部门，终于可以密切合作，让顾客心声转变成获利来源，也颠覆了零售业长久以来B2C的游戏规则。

　　C2B的实现颠覆了各产业的产销流程，证明了一直以来我们习以为常的营销操作，那个靠"猜"的年代已经终结。零售业近百年更迭，依循的是一条"猜"的路径，直到大数据时代的到来，为"猜"画上了句号，同时揭开了超精准营销时代的序幕。

　　C2B还代表着无限的创新机会点，传达"Inside-out"的思考模式，从企业核心价值、品牌精神出发，广泛搜集消费者的需求与意见，做出细分、定制化的产品与服务。而在过去，品牌思考都是从外到内收敛的"Outside-in"模式，找出最核心的一项产品或服务，却也将自己局限在框框里，像处在平静的台风眼，很安全没有风浪，却也没有新机会。

　　品牌商从了解产品变成了解顾客，改从消费者角度思考，还能依照顾客活跃度，投放对应的营销资源，甚至研发新产品，从产到销都不用再猜了。顾客直接告诉你，他们真的想要什么（详见图2-1　消费者、渠道、商品的黄金铁三角）。

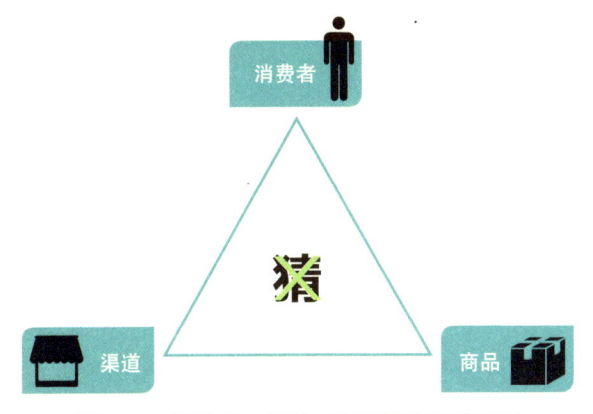

图 2-1　消费者、渠道、商品的黄金铁三角

人、物、店的三角双向关系：人到店→什么样购物偏好的人会到你的店中；店到人→这区域的店，通常是什么样的人来；人到物→这些人偏好什么样的商品；物到人→这些商品会吸引哪些人；店到物→这家店要进什么样的商品会热卖；物到店→这些商品要配送到哪几家店最有效益。

把手按在消费者的脉搏上
开始练习秒动决策

你还认为线上、线下是两个世界吗？大数据时代，只有一个世界，线上与线下已无法划分。随着移动设备的出现，消费者与品牌的关系越来越复杂，购买行为、观看广告、在脸谱网上点赞、回复留言，这些零碎时间的一举一动，都成为品牌研究消费者习惯的依据，"秒动"成为大数据时代的新节奏。

"观察、分析、决策"的快速转变是品牌要练习的新速度。以往消费者调查的过程都需要一周以上的反馈周期，远落后于消费者改变的速度。正因消费者的变化快，大数据连带改变了组织决策的速度，快速搜集数据、分析后立即回应，出错就立即修正，组织决策变得更扁平灵活。

加上移动互联网的普及，掀起以消费者为中心的全方位营销方式，品牌必须将消费者视为一个独立个体。每个人都有着不同的生活情境，提供基于位置的服务（Location Based Service, LBS）、搜索记录、线下购买行为等，基于这些围绕着消费者生活场景的营销点，不断地增强品牌印象或是购买意图，增加与消费者互动的机会，累积认知品牌到购买决策的过程，更重要的是，每个消费者获得的都是独一无二的专属服务。

从群众走向分众，是营销领域的大跃进。而当大数据遇上分众，代表着分众的极致，也就是一对一营销的诞生。

个人取代了群体，一对一营销取代了大众营销，每个消费者最真实且独一无二的需求，都是品牌商需要满足的缺口。

大数据如何实现一对一营销？个人化的营销策略来源于消费轨迹与购买习惯，品牌商开始提供个性化商品与服务。有效掌握并满足顾客个别需求，短期目标是为了提升顾客满意度，长期来看，还是回归到创造利润，以及维持良好顾客关系。

6个大数据速成法则
Before（前）到After（后）更新营销思维

以前最困扰你的下列问题，现在都可以从大数据得到解答。

☑ 新顾客不足，顾客重复购买率低或老顾客流失。

☑ 无法掌握现有顾客轮廓。

☑ 销售业绩下滑。

☑ 营销工具成效差。

☑ 花同样的营销预算，投资回报率越来越低。

大数据营销怎么入门？以下是速成法则，你准备好换上新的营销思维了吗？

1. 人口统计营销 vs 大数据营销

别再用性别、年龄区分顾客，上网时间、购物周期更重要。

2. 被动分析 vs 预测分析

还在追着数据跑？现在请从分析变预测。

3. 活动找人 vs 人找活动

精心策划的活动却无人问津？没在关键点上说对话。

4. 人力密集 vs 数据密集

人机分工，让营销人回归真正决策价值。

5. 有形调查 vs 无形侦查

排除调查偏差，消费者的行为泄露了秘密。

6. 检讨报告 vs 实验报告

边设定假说边修正，迭代式营销的成功才是最终目标！

人口统计营销 vs 大数据营销
男女并不重要，动机与行为才是关键

> 大数据营销用顾客动机与行为做诊断与预测，找出你最该留住的主力顾客，是男是女，再也不重要！

企业都知道，要将营销资源放在有利可图的顾客身上，但如何判断哪些顾客"有利可图"？

传统营销的做法是市场细分，将市场上某方面相似的顾客归类在一起，然后假设这些拥有不同背景的顾客通常拥有不同的价值观与行为模式。这种人口统计营销（Profile Marketing）运用自然属性，包括性别、年龄、收入、教育程度、职业，以及消费贡献等，将人分群，找出最"有利可图"的顾客。

但是你可曾想过，这些静态的属性有办法精准预测每一个消费者的实时购买动机吗？在网络的环境下，顾客消费动机和喜好分分秒秒都受到媒体信息和社交内容的干扰。可能早上还兴冲冲地想要买一台面包机，幻想着有自己的家庭烘焙小铺，吃完午餐偷闲逛一下脸谱网，突然惊觉大家正流行团购榨汁机。不过才短短几个小时，脑海中面包出炉香喷喷的画面迅速褪色，取而代之的是，每天早上做完瑜伽，悠闲地打一杯水果汁的生活场景。

所以，在大数据时代，比的是你可以实时地跟上顾客以秒转动的购买动机。而当你察觉顾客表现出购买榨汁机的动机后，该推荐他一台正在折扣中的入门款商品，还是另一款功能齐全的进口高价商品？

个性化标签
看见隐藏在数据背后的购买行为

一般来说，数据搜集上面会有客户静态数据文件，像是姓名、地址、联系电话、教育程度和年收入之类的顾客背景档案；其次是顾客动态数据文件，主要是流动性的交易数据，交易商品属性、规格，活动参与数据以及客服记录等；最后还有一种叫作商品特性编码，用来记录与交易商品本身相关的价格、产地、功能描述、口碑数据等。

过去我们都把注意力放在顾客联系数据和交易主文件的搜集上，但是别忘了，顾客交易的商品本身隐藏了很多信息，只是通过单品的记录，和一连串单纯的成交资料，我们无法看到隐藏在这些数据背后的真正价值。

假设今天有一台A品牌的吸尘器，在这个卖场的售价是2万元，这个卖场还有其他9款不同品牌的吸尘器可以选择，这10款吸尘器的平均价格是8 000元。然后试着用整体卖场吸尘器的平均售价做分母，A款吸尘器的售价做分子，相除后你会得到一个2.5的数字结果。这个数字我们称之为"功能性价比"，它所代表的意义是A款吸尘器的定价，在整体卖场中是整体吸尘器产品均价的2.5倍。

换言之，从商品的角度来看，A款吸尘器在这个商场同类商品中，属于价格较高的商品；如果结合了顾客的购买行为，表现为当某个消费者在比较了众多的吸尘器品牌后，选择了A款吸尘器，某种程度上也表示这个顾客有高消费能力，以及对高价商品的选择倾向。那么，当未来这个卖场有新款的果汁机要推荐的时候，针对过去曾经购买过A款吸尘器的顾客，你该推荐入门款还是高价款呢？

别考虑了，给他推荐高价的榨汁机吧。

一样的原理我们还可以应用在实际成交金额和商品定价的比（实际成交80元/商品定价100元=0.8），这个运算后的数值我们可以称为折扣率。当某一个顾客的数据在折扣率这一项总是小于1，就可以推测这个顾客极可能是一个非打折不买的消费者。

前面这两个例子，并没有运用到多艰深的算法，但是却能够为个别顾客贴上个性化标签。老话一句，数据最有趣、最迷人的地方，永远是以简驭繁。

顾客何时再上门？
用NPT精准预测顾客下次购买时间

在过去，以商品和消费者的大致轮廓为导向的分析中，大家往往都把注意力放在消费者分群和商品推荐模型上，但是人对了、故事也对了，就足够了吗？

时间的变动性和不确定性，让预测充满了挑战，但是在大数据营销中，时间却是一个至关重要的因素。前面曾经提到的NES顾客细分模型，就是通过单一顾客的消费动机预测建立每一个顾客的标签，同时，这些标签会因为每一次实际交易行为，而自行调整。

周期性的商品消费，稳定而容易预测，像卫生纸、宠物饲料或牙线，但是随着商品组合越来越复杂，预测再次购买时间的挑战越来越大。NPT预测模型根据消费者实际的交易数据，可以推测出每一个顾客购买动机最高的时间点，甚至算出来未来7天、30天有可能回来购买的顾客，我们就可以提前提醒这些顾客（详见图2–2 NPT帮你预测顾客下次购买时间点）。

当顾客已经有动力要回来再次购买了，这时，你只需用手指轻碰他一下，根本不需花什么力气；但如果太早沟通，这时候顾客的购物动机还很弱，他只会忽略你所提供的信息；当他已经过了关键购买的时间点，你可能需要大力去推，时间再晚，可能得拼尽全力去撞，都还不保证能够成功地唤醒沉睡顾客。

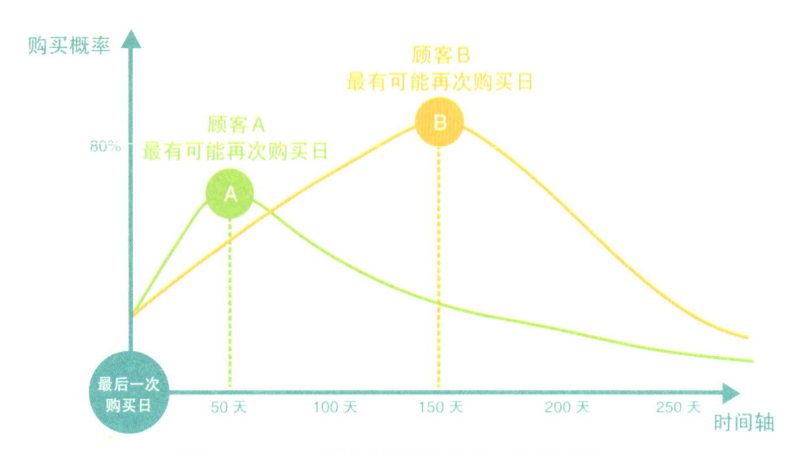

图 2-2　NPT帮你预测顾客下次购买时间点

每个顾客都有独立的消费习惯周期，顾客A平均每50天买一次，顾客B平均每150天买一次。若顾客A和顾客B在同一天购买了产品，从那天开始算，第50天是顾客A最有可能再次购买的时间点，过了那天之后，购买的概率开始下降。因此，营销人可以在第50天前一周，发送电子邮件给顾客A提醒消费。太早提醒还没欲望，太晚提醒顾客可能已经购买了其他产品。因此，一定要找恰当的时间沟通，营销将事半功倍。

从竞争的角度来看，传统的营销战争就像百货公司的特卖，早上10点半打到晚上9点半，关门了就熄火，战场局限在百货公司的楼层，时间局限在开门到关门之间；而大数据营销则是在打一场尚未发生的战争，每一秒都在开战，战场无限延伸。

当传统营销还在想要给顾客什么东西的时候，大数据营销在7天前已经在想，什么时间给、给谁，不但提前展开了这场高门槛的竞争，而且掌握了关键数据，甚至已经预见30天后的战争结果。

有时候别把消费者想得太复杂了，顾客通常不在意太多花哨的海报设计。面对信息爆炸的现代生活，顾客更期待的是，品牌能够在消费动机萌芽时，"适时"提供"适当"的产品组合与活动信息。

被动分析 vs 预测分析
只要跑得快？能预测终点才是赢家！

> 大数据时代，做营销像是一场赛跑，你必须跑在数据之前，让数据预测未来。但要小心，别只顾着埋头往前冲，请先看好终点在哪。

想象你是一家鞋店的老板，有位穿西装的男性顾客走进门，你能不能马上给他推荐一双最适合的鞋？你会根据哪些线索来判断？成功率又有多高？

你会从年龄、性别、衣着外观猜测顾客的偏好，当然还有你最依赖的销售经验。"这个年纪的男性大多都买这种样式"，赌一赌，推荐五双或许可以猜中一双，前提还必须是顾客有足够的时间一一试穿。在这种情境下，成交的不确定性来自于信息量有限，以及时间的限制，老板的判断与反应时间，直接影响了顾客购物率。

从明天开始，你可以有所改变。你的店铺必须开始记录或者从网络上购买会员数据，网络与应用程序将替你搜集各式各样的个人信息，从人口特征，一直到曾经在购物时做出的上百万种决定。偏好折扣或是更注重流行，喜欢名牌更胜于多功能的诉求，这些上网活动的完整记录，数字技术全都办得到。

信息量瞬间暴增万倍以上，与过往相比的差别在于，你推荐的那一双顾客绝对会埋单，因为你已经跑在数据之前，做好了万全准备。也就是说，你的鞋店里一定会有顾客最想带走的一双鞋，关键就在于你能不能快速找到这双鞋，并推荐给顾客。

大数据让你换了新的营销思维，推翻了你曾经以为消费者是一时冲动引发购买行为的"瞬间决策"，其实背后是长期累积的产品印象与购买习惯的相互影响。还有些情况是，消费者并不完全清楚自己需要什么，或是面对琳琅满目的同类商品失去判断力，商家就可以用数据的力量，帮助消费者认知适合自己的商品，以及检验自己的进货策略是否正确。

谁说大数据只要跑得快？
站上起跑线，请先观察终点在哪里

在大数据时代，营销像是一场赛跑，只有两种结果，跑在数据之前，或是落在数据之后。

最近，随着大数据的风起云涌，我们也观察到，市场上很多公司宣称他们也能协助客户解析数据，提供决策参考，但是仔细深究这些公司的服务，其实只是把数据转换成一张张的报表或是图表，这一类的数据分析，我们通常称之为被动分析（passive analytics）。被动分析可以快速大量地产出令人眼花缭乱的报表，但充其量都还是停留在数据的层次，没有足够的信息和观点让营销人做出决策。但预测分析（predictive analytics）强调的则是观点和决策价值，是对运营策略进行通盘了解后，有目的性地产出必要的报表或数据仪表板，协助营销人可以用最小的认知资源，迅速做出高质量的决策（详见图 2-3 落后数据还是预测数据？）。

过去看数据的方法	现在看数据的方法
年限 Tenure	未来存活的概率 Survival Probability
最后购买日期 Recency	下次购买时间 Next Purchasing Time
购买频次 Frequency	购买间隔 Purchasing Interval
购买金额 Monetary	顾客终身价值 Customer Lifetime Value

图 2-3 落后数据还是预测数据？

从传统营销到大数据营销的新思考：比起分析落后数据（左侧），更重要的是用数据预测未来（右侧）。以顾客购买日期为例，你该看的不是他最后购买日期，而是他下次购买的时间举个实际的例子。当我们手上拥有顾客身份数据以及交易数据，被动分析能够提供的，只有消费金额统计、平均客单价统计，或单一顾客累积消费总金额等数据。这些数据只能如实反映现状，并不能提供更进一步的推论或是预测价值。

但是同样的数据源（顾客数据和顾客消费数据），经过预测分析，我们可能产出 NES 细分标签，可以预测单一消费者多久之后可能进入瞌睡期或沉睡期，以及最有可能产生再次购买的时间点，甚至透过顾客交易数据，推算商品推荐模型。

两相比较，落后于数据的人，只看顾客一次性购买金额；预测数据的人，才能懂得看顾客终身价值；落后于数据的人，看顾客入店频率，但更重要的是顾客未来再次购买的概率，也就是顾客流失率。

很多营销人刚接触大数据分析，容易被眼花缭乱的报表和图表迷惑，总觉得多多益善。这种感觉就像前一阵子很流行的烹饪比赛一样，你都还没听完评审公布的题目，就一马当先冲到食材区，抢在所有对手之前，手忙脚乱地在池子里捞活龙虾，爬上高高的层架，发现了藏在角落的顶级鱼子酱，还有珍贵的松露。正当你得意地捧着满手珍贵食材，准备要大展厨艺的时候，才发现原来今天的题目只是要选手在 3 分钟之内煎好一颗荷包蛋。

于是，在你还忙着抓龙虾的时候，对手早已经在指定时间内完成考题了。没错，你很快，但是方向搞错了，到头来还是输。

别再用营销经验定义消费者
大数据分析比你想得更准

营销人经常"感情用事",总是"猜"顾客想要什么、需要什么,广告漫天撒网,永远也填不尽的营销预算黑洞,造成"人—物—店"的流程出现断点,不知道客户想要什么,导致库存品堆积如山,成为零售业最大的致命伤。

因此,别再用过往的营销经验定义"一群"消费者。从现在开始,请试着用数据精准地去定义"每一个"顾客。从前理所当然的常识或是经验法则,经过大数据分析和演算后,结果可能会让你大吃一惊。这类的营销决策正在急速扩展中,不仅影响生活,也颠覆你的常识与想象力,更一劳永逸地解决了"猜"这个难题。

慢慢地你会开始放手让演算模型协助你做决策,让机器做机器该做的事,还原营销人的核心价值。

人类心智的研究已经证实,左脑与右脑有明确分工的机制:右脑负责直觉的、情绪的、主观的、想象的事物;左脑则是分析的、逻辑的、客观的、事实的运作方式。正因人是感情用事的动物,一旦大量启动左脑,人类势必将进入全脑革命时代,更深层的潜能将会被激发,并广泛地应用在营销决策中。

身处汹涌的数据趋势中,营销人千万别贸然攀上一个未知的浪头然后随波逐流,建议你应该先审视自己的优势和运营本质,然后再抬起头看清楚未来的目标与方向,这样才能够把起点和终点连在一起,有始有终才有方向。

活动找人 vs 人找活动
不必再将就，100万种营销同时上线

> 不论几点都能做营销，只要顾客有兴趣，计算机马上侦查到，就可以立刻给出最合适的营销方案。

过去营销办活动就是"将就"的概念，在有限资源下做限定的排列组合。营销人想做一个活动，一开始就在"舍"，从活动受众群、时间、渠道到广告时段层层删去、层层妥协，以为这就是瞄准靶心的精准营销。其实这样做，反而局限创意的可能性，也牺牲了跟顾客沟通的效果。

假设有个服饰电商品牌想要办一个新品上市的会员推广活动。以往的操作经验告诉我们，可能要先选择品牌、制订活动方案和价格，将商品结合营销文案，制作成活动网页或是活动专区；然后根据商品属性，挑选一个目标受众最活跃的时间发布媒体广告，或是通过精准条件设定推播广告，争取活动曝光；然后在那段特定时间里面，用制式产品组合，和我们描绘出来的目标受众沟通。

但是在大数据营销的时代呢？我们会

先思考沟通的策略和营销目的。我们可能会通过推荐模型，设定数十种的方案组合，同时根据近期与顾客实际互动的数据，如果是低活跃度的顾客，我们可能会推荐他"最想买"的商品组合与活动优惠；但是如果这个顾客近期属于高活跃度的顾客，则会推荐给他"最有可能购买"的关联性推荐商品，诱使他发生交叉营销（Cross-Sale）的行为。然后根据每个顾客一天中最高概率的触动时间，寄发eDM或是短信，提高沟通成功率。

如此一来，活动不用再将就了，可以针对顾客个性化的动机标签、推荐数据和历史互动行为分析，弹性地提供数十种，甚至数百种的活动排列组合，让每一个顾客都能够接收到最适合他的营销内容。

目标受众对了，内容也量身打造，还选在他最有可能互动的时间点，当一切变得体贴入微，营销就不再扰人，而是贴心小帮手。

假如消费者半夜三点网购
何不趁机推送折扣信息给他

科技带来改革，手机就是其一。阿里巴巴集团副总裁车品觉曾提到，移动大数据的核心在于：实时（real time）、适时（right time）和全时（all the time）。任何一个完整的高效服务都离不开这3T。

通过手机的数据侦查与搜集，我们可以实时获知顾客这一秒在手机上的行为，然后选择在最合适的时间点，根据对这个顾客的标签设定，适时地提供关键信息。

以前营销教我们：晚上12点后不要去打扰消费者，因为他们都睡了。但现在通过手机App（应用程序），当他们在滑动手机和App互动的时候，你可以很清楚地知道他们在干什么。

假设消费者是在半夜打开App浏览内容，我们就知道他没有睡觉，这不是猜测，是消费者告诉你的，因此就直接从App上推送信息给他就好了。

实时，找到对的时间、对的人、对的内容，机会就大了。顾客现在没有睡觉，可能是失眠，可能在找黑芝麻或何首乌等养生的产品，我们通过App知道了，就马上向他介绍一款养生保健的产品，这就是活动找人的概念。

这是现在正发生，且未来将更明显的趋势，我们称为数据先知。时间对了、活动对了、人对了，就发出去，而不是用群聚想法乱枪打鸟。

就像过去我们以为，早上8点到9点是去上班路上的时间，大家用手机，上班时间会用网站，下午茶时会用电子邮件接触消费者。但现在通过大数据，不再用这种模式去做，而是有100万种的可能性，每个消费者的使用行为都不尽相同，就该用个性化的方式去执行（详见图2-4　如何同时执行100万种活动？）。

图 2-4　如何同时执行 100 万种活动？

要实现"人找活动"的营销方式，首先要准备好大量的活动等顾客上门。过去人力密集的时代，很难实现这一点。但现今可以运用科技让繁杂的工作变得简单，只要针对四个维度思考，准备 1000 种商品，搭配 10 种顾客细分，10 个不同时机和 10 种不同渠道，交叉安排就能轻松找出 100 万种活动组合。

电子邮件、短信营销无用？
没在关键点上说对话

之前提到消费者时，曾经描述两个关键特征，一是变动性，二是异质性。当我们跳出工具和方法的思维，回归到品牌和顾客之间的服务本质，我们追求的不过就是一种全个性化服务的体验，让顾客感受到你的用心和品牌真诚。

过去常常听到很多客户和厂商抱怨电子邮件营销的打开率越来越低，或是某某营销工具效果大不如前。

在新平台、技术和趋势的影响下，的确有一些营销工具日渐式微，但是很多工具失效的问题，其实源于营销人没有策略地滥用。

相信很多人都有过类似的经验：昨天刚刚买了一款新的数码相机，第二天就收到同一款相机降价促销的消息，让你本来不错的心情被泼了盆冷水；或是每天固定都会收到某个品牌寄送的产品信息，但是时间久了，连点开邮件都懒得点，光是看到广告，就毫不犹豫地按下删除键。

产生这些现象，都是因为我们传递的信息并没有被顾客认可的"价值"。

为什么说没有价值？因为顾客"现在"不需要，所以你沟通的时机错了；因为顾客对你说的内容"没兴趣"，所以你沟通的内容和故事不到位；因为顾客每次想参加活动的时候，才发现已经"过期"了，所以你没有确保，顾客能够在有效的时间内，收到你的信息。

简单来说，这一切都是因为没有设定顾客群、给予个性化标签，所以顾客感受不到你的诚意与贴心。照三餐发送的程序化信息，只是不断地提醒顾客，他们不过是你应尽的责任。

现在既然知道了问题所在，当品牌有能力规划个性化内容，哪怕是电子邮件或短信，只要从时间、对象到内容都是量身打造，让最适合的营销方案在消费者面前跳出来，我们就可以等顾客自己上门。

现在，你再仔细想想，究竟是时机错了，还是工具错了？是时候还工具一个公道了！

人力密集 vs 数据密集
你是靠工人智能，还是人工智能？

> 只依赖"人工智能"往往让营销人忙得无法下班，但效果却不明显；把杂事交由机器，让营销人有更多的时间、精力用在决策上，这样就能把事做好。

亚历克斯是一家百货公司的营销人员，他想做一档针对VIP（贵宾）的营销活动。

他发现大客户的信息并不完整，手上有交易数据，却没有完整的会员数据，那些细节存在于各家专柜，同时，为了提供最优质的服务给VIP会员，其实也需要了解是否为家庭顾客、是否开车等数据，而这又必须去找停车场管理公司来进行数据交叉对比。

经过一番大费周章，亚历克斯终于找出了半年来经常进出百货公司且具有消费实力的VIP名单。他邀请他们来参加精品消费活动，或特别安排专属的消费时段，让这些VIP能尽情享受购物的乐趣，同时也让公司小赚了一笔。但是，这些活动有点儿劳民伤财。

这种做法，我们称为人力密集，需要花费很多的时间与人力，才能判定谁是真正的VIP大客户。但现在不一样了，这种工作不需再用人力去做，而是用计算机评定出VIP名单，让数据告诉你谁是大客户。

数据交叉对比、自动产生名单，人力只需要用在营销活动中的创意策划，这就是人机分工的本质，让专业分工、让机器代劳、用数据取代人力。

人机分工如何实现？
D.I.E.T.交给机器做分析

人机要如何分工？评判标准是：这件事情有优化的可能吗？机器可以比人做得更快、更好吗？如果答案是肯定的，就由机器代劳吧！

从数据分析的D.I.E.T过程来看，分别是数据整合D（Data integration）、分析诊断I（Intelligence）、精准营销E（Engagement）及追踪回馈T（Tracking）等步骤。采集数据，分析运用后学习到的成果，在以往，这个循环过程毫无疑问是人力密集型的工作。

营销人要先做数据回溯（Data regression），找出谁是百货公司的VIP，可设定年消费额50万元以上、停过12次车，把身份证号、会员卡号、车牌号、手机一一核实，整合不同数据源建立以消费者为核心的数据主文件，再通过系统智能化的电子邮件，在适当的时间，设定个性化内容精准沟通VIP，最后再通过追踪，学习并修正每次营销活动的假设与成效。

追踪是数据营销相当关键的一环，没有追踪就没有反馈学习；通过追踪，能获得实时回馈数据。数据会告诉你，哪些顾客是活跃状态、哪些是停滞状态，让你以此判断该选择哪一种沟通工具，以及投放多少的营销预算在他们身上。

的确，人也可以做得到、做得好这件事，但绝对做不快。

人力密集通常也是最缺乏效率的做法。数据时代回到商业本质，时间将成为最稀缺的竞争资源，速度决定成交与否，比对手慢一步就会丢掉订单。

人机分工强调的是用机器去分析数据，然后根据数据执行自动化任务。举例来说，如果一名顾客今天购买了净水器，你或许可以考虑在他购买两周后，把替换滤芯的商品信息发邮件寄给他。如果他在收到信之后的 48 小时内都没有打开信，我们应该再发一条短信提醒他，提高滤芯的购买概率、增加顾客对净水器使用的黏着度。

这个营销流程过去都是通过人力，重复执行着筛选名单、设定沟通活动，然后搜集成效数据的工作。现在这些统统可以交给机器自动化执行。营销人应该开始学习评估数据，然后针对不同产品和顾客组合，设计营销方案，甚至可以在寄送滤芯信息的时候，同步推荐空气净化机或是防尘防螨被套相关商品，观察这些要求饮用水质量的顾客，是否对于居家其他健康商品有延伸购买的可能性。

将耗时工作交给机器
营销人的价值是做决策

既然机器做完了最耗时的工作，那人做什么呢？营销人终于开始有时间想创意，如何有效设定电子邮件发送时间及内容。每个人的 24 小时都很不一样，同时发出一大批电子邮件，时间不合适的顾客，打开率很低，如果主题不吸引人，也会马上被删掉。

人要去思考如何让营销更有效果，让机器去做复杂的处理工作，让营销人的专业及尊严提升。所以人机分工的意义是，机器把劳力密集与日常的事情做完了，还给营销人真正的时间去思考策略，去优化整个流程，让价值显现，这才是关键。

未来营销人要学会如何优化营销观点，把日常程序和报表整理工作放手交给机器去处理，把关注重点放在认识自己的商品与商业模式，学习思考与解读数据背后的意义，练习做决策，打造属于你的营销实验室！

有形调查 vs 无形侦查
还在发问卷？ Log（日志）侦查喜好立现

> 大数据营销，时机最重要。以 Log 侦查消费者的行为轨迹，从中分析他的喜好与使用状况，在对的时机主动出击，营销工作将会滴水不漏。

从人口统计营销到大数据营销，前者调查人的属性，后者侦查人的行为。比起漫天撒网，在对的时机点精准营销、提出对的建议，就能比消费者更早读懂他的心。

以往营销人依赖科学方法统计资料，电话采访、市场调研、填写问卷等是常用方法。但在风起云涌的现代消费市场中，人的决策一日百变，若还是苦等市场调研从问题设计到分析结果，花大钱撒网捕鱼，可能费力费时，结果得到一堆垃圾。

你是否曾有这样的经验，电话响起，话筒那边传来："您好，我们是某民意调查中心，想做一个问卷调查，能不能耽误您 5 分钟的时间，协助我们完成问卷？"

接到这样的电话，你会怎么处理？是二话不说挂电话，还是心生慈悲，帮电话那端可怜的实习生？

话虽如此，一旦答应后噩梦才开始。说

好的 5 分钟变 20 分钟，前 3 道题你还碍着礼貌耐心回答，后面只想草草结束电话，不管对方问什么，不假思索乱答一通。

这样的状况经常在调查中发生，不论是想做市场评估、品牌调查、消费者行为或人口背景资料统计，企业依赖调查，把想知道的信息一网打尽，却难以避免人为因素影响的误差。

调查中人为因素不可控制，除了拒答率高，还会遇到没耐心乱答、受访者表达能力不够好，问 A 答 C，或是表达不完全，回答半天全是情绪性字眼，没任何建设性内容。另外，还可能会有人早猜出你想问什么，故意提供错误信息塑造某种形象。

调查的时间、金钱和人力成本高、效率低，动辄花费 1 到 2 个月，对企业来说，等分析完结果再推出营销方案，市场早就发生改变。

大数据时代，营销错失时机就是失败者。商业竞争中，反应力等于竞争力，时机不对一切免谈。想了解消费者，抛开密密麻麻的调查数据，从活动日志观测消费者行为轨迹，才是绝不失误的精准营销术。

调查结果准吗？
Log 侦测，行为轨迹一查便知

市场调研中，有一种常见的误差，心理学中称之"霍桑效应"（Hawthorne Effect），意即当受访者察觉自己正在被调查时，会倾向预估调查者想要的结果而改变言行。例如：遇到敏感的政治性问题，有人会故意乱答误导视听。此时调查者只能以多个问题反复追问才能推测出对方真实的想法。

但大数据时代，工程师可以在每个软件后面附加Log，主动观测人的活动日志，了解他的历史浏览记录。比如他最常浏览哪个候选人的主页？会在哪些论坛留言，留言内容是什么？曾参与哪一位候选人的竞选活动？不需言语，对方的喜好一览无遗。

在营销中，假设一位企业家在广告中主打一款App里4项新功能中的第1、3项。一段时间后以电子问卷询问顾客使用满意度，可能会得到每一项都勾选满意的敷衍答案。但如果植入Log观测，直接调数据出来，发现多数人其实不太使用第3、4项功能，反而钟爱第1、2项功能。

此时企业可以做3件事：加强推销第2项功能、重新评估第3项功能的营销资源，以及客服询问第3、4项功能改进之道。

而所谓的Log不仅可以在线追踪，转化成线下商店思考，什么是消费者不会作假的数据呢？答案正是交易数据。

客服主动出击
顾客变品牌顾问

通过无形观测，不干扰、不介入，企业即能获得最真实的使用者意见。

Log资料一出，就可以掌握不同顾客遇到的不同问题。大数据营销带来客服角色的变革，从遇到投诉才解决问题的防守型客服，转变成主动征求顾客意见、给予顾客建议的进攻型客服。

好的客服，不是一天到晚黏着顾客问东问西，而是像个侦探，在顾客有异常反应时，马上跳出来解决。举例来说，当Log显示顾客进入S1（瞌睡）阶段，客服就可以直接打电话过去说："您很久没有登录我们系统了。最近遇到了什么问题吗？"从顾客使用开始下滑时主动关心，预防事态扩大，不但能有效地经营顾客关系，更能大幅降低负面的沟通成本。

更积极地来看，主动观测还能帮助研发人员搜集顾客信息，使顾客变成最佳研发人员。没有什么比让忠诚顾客来监测产品更好，他们的使用行为就透露他们与产品互动的结果。什么不好用、什么不爱用、什么喜欢但功能不完善……从蛛丝马迹中可以得出产品改进方向与营销策略。

即使人心难测，Log却是真实存在的证据。Log不只是在线的活动记录，也可以是线下的交易数据。通过数据精准预测消费者，就像打高尔夫球，挥杆的瞬间，看的不只是击在球上那一点，而是长长飞行轨迹后落下的那一点。

检讨报告 vs 实验报告
还在写悔过书？D.I.E.T. 做中学

> 别一直写悔过书，大数据营销要边跑边修正，用科学数据验证假设，立即修正决策，做到迭代式营销：看到报表，发现问题，做好方案，学到经验。

速度，决定商业战争的胜负。"天下武功，唯快不破"，反应时间越短、决策时间越短，代表适应力越强。

但追求速度不是闷着头跑，在大数据时代，你一定要了解速度要在恰当的时机才能成功得分，跑太快和跑太慢一样都会失败。速度是相对值，而不是绝对值，有时候时机未成熟，前浪反而会死在沙滩上。

商业竞争也一样，使用大数据的目的，就是算出正确时间点，比对手快一步，订单就在你手中；慢一步，就可能全盘皆输。

抓准时机，是影响获利的关键。传统营销，常常是低着头跑，往哪儿跑、跑多快，反而是需要猜的。

大数据营销，就是要边跑边修正，因为你可以运用科学方法算出数据，帮助修正决策，不用再去猜结果。这就是迭代式边跑边修的决策方法。就像打棒球，目标是打好每一次安打，而不是一开始就挑战全垒打，因为安打数累积的得分数还是比全垒打要多。而且通过数据管理，我们在活动过程中就能不断地优化，比起传统营销，显然效果要好得多了。

总检讨是事后诸葛亮？
实时修正，得出最佳解决方案

营销学是整合经济学、心理学、社会学、管理学、人类学、统计学等多种学科的应用行为科学，变量多，可以"玩"出的花样很多，这是营销吸引人的特质。

传统营销一直没有一个很好的机制去实时侦测数据，都是事后调查总结营销活动的成果。这是一项人力密集的任务，搜集很多数据、交叉分析、推理结果，常常要在尘埃落定后才知道成败，结果走了一圈流程，得到的结论没办法改变活动结果。

我们只能从乐观的角度来安慰自己，这次的报告可以成为下次营销方案的修正基础。

但，真是如此吗？当下次营销开始时，人、时间、环境都变了，上次的总结报告还有多少参考价值？顶多只是一份交代营销预算流向的结案报告，对于营销的进步来说，只是事后诸葛亮，并无实质帮助。

如果我们能善用大数据，在决策之前先实验，有了充分的数据分析再做决策，成功概率就会大增。

以下就是实例：有一家食品企业，想知道哪种营销组合最受消费者欢迎，他们设计了133种不同的实验组合。按照传统操作流程，要完全测试这些组合算起来大约得花上一年半的时间；但是参考了数据的NES区分、商品推荐细分和沟通时间建议，这个企业只花了两周时间就完成了133种的组合测试。尽管测试的结果发现90%的组合都是无效的，但是我们让实验时间从一年半缩短到两个星期，并从中获得了宝贵的经验。

数据分析加快速修正，就会得出精准的决策。在开发新产品时，每个人都想找到蓝海，但是传统营销，像要从133组测试中找到消费者最喜欢的营销组合，等你找到时可能已错失大好商机。

D.I.E.T.学习循环四步骤
看到、知道、做到、还要学到

大数据的实时实验报告，有一个很重要的D.I.E.T学习循环（Learning Cycle）四步骤。

第一阶段"看到"数据。所有的问题都从数据整合导入开始，以人为中心整理数据，比如LBS（基于地理位置）定位系统、POS结账数据，还有在店里停留时间等。

搜集完资料，便可进行第二阶段："知道"问题。以数据分析诊断，挖掘出数据真正的营销价值。数据只呈现客观事实，营销人应该结合自己对商品和产业的理解，诠释数据、找到问题、进行消费预测。

接着是第三步:"做到"策略。大数据营销的关键是执行,我们从数据中建立观点,然后做出营销决策。这连串行动的目的不只是为了做出报表,而是营销假设之后的验证与学习,根据顾客需求,实时修正、确定目标的精准营销。

最后一步,营销追踪。完成以上步骤后,你会清楚看见结果,也可以回收顾客的回馈信息,比如有没有持续消费互动、拿到折扣券有没有使用,作为策略修正和顾客精准细分的依据。

如果回馈显示的结果不如预期,就要重新评估原始假设,并制定下一步测试计划,直到找到最佳方案。这个过程就是营销人最宝贵的学习经验。

第一步:"看到"资料
以人为中心的数据架构

如果在数据的源头,我们只以人群为划分,很难做到C2B的个性化。因此,必须以人为中心,用标签看到每个消费者的具体特征,将与之相关的所有数据整合在一起,让每一个人都成为独一无二的个体。

举例来说,A每个月到大批发超市消费一次,B是每半年一次,C是一年去一次,但是A、B、C的年纪都是50岁。对品牌商来说,他们是同样的一群人,在营销策略上,用的是同一套的沟通方式,每个月都推销保健食品。

以人为中心的资料整理,会开始搜集A、B、C个别的数字足迹，包括顾客数据、电子邮件的打开率、折扣券的使用率、社交网站点过哪些主页等，一一建构出个人专属的360度数据架构。

第二步："知道"问题
有效率地分析与解读数据意义

品牌与顾客沟通的元素要想落地执行，有四个"对"的元素："对的人""对的时间""对的渠道""对的内容"。

找到对的人：建立以消费者为中心的数据汇总。

找到对的时间：数据分析知道消费周期，预测下次消费时间。

找到对的渠道：手机应用程序、书本、短信沟通，哪个是消费者最熟悉的方式。

找到对的内容：广告必须是消费者感兴趣的内容，在这个步骤，就必须分析A、B、C各自的故事。A可能是忙碌的上班族，一个月才能到店一次，B每半年来消费一次，都是买给父母的老年人需求的相关产品等。这些故事，都是沟通四个"对"的重要元素。

第三步："做到"策略
根据消费周期一对一互动沟通

重头戏来了。如何应用到营销策略上呢？一对一营销就开始了。如果有100个顾客，就会依照消费曲线，发展出100种不同的营销策略。对A、B、C来说，每个人都拥有专属自己的营销策略，当他们各自打开自己的邮箱时，看到的电子邮件会是不同的推荐商品，甚至在不同时间点，打开后看到的商品也不同。

此外，还能做到NPT回购时间预测，在每个人"最有可能购买时间"的前一周发送折扣优惠，提醒顾客东西快用完了，达到长期的消费互动。

第四步："学到"智慧
消费者行为追踪与反馈

在所有的科学演进的过程中，有一个核心要素：如果没有追踪反馈，就达不到学习的目的。

在D.I.E.T学习循环中，消费者的追踪反馈是关键，也是修正策略的指标。从以人为中心的数据整合，再到分析、策略应用，最终看消费者有没有为之触动，无论有或没有，都是学习循环中重要的数据（详见图2-5 D.I.E.T学习循环四步骤）。

最简单的方法是：你给了折扣券，他有没有使用？没有用，是因为对产品不感兴趣，还是折扣不够诱人？这些都是可以持续追踪与测试的依据。

学习循环的核心精神是，当有数据导入，开始进行人机分工，营销人拥有能力去调整营销策略，并且可以随时修正。在一个循环过程中就可以做到好几波的测试，不断建立实验组与对照组，最后的实验报告得到的结论是，哪个整合方案比较好，哪些是拒绝往来客户，得到最精华的知识学习。

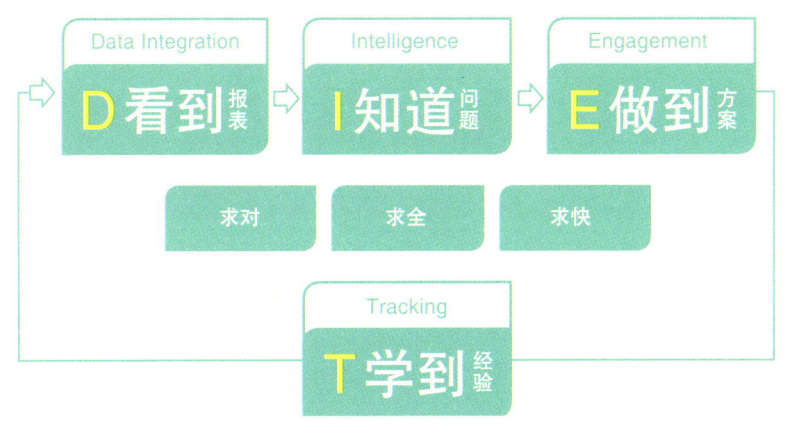

```
Data Integration    Intelligence      Engagement
D 看到 报表    →   I 知道 问题   →   E 做到 方案

        求对        求全        求快

              Tracking
              T 学到 经验
```

图 2-5　D.I.E.T 学习循环四步骤

所有问题都从数据整合导入入手，以人为中心汇总数据。有了数据，便可进行分析诊断，挖掘出数据真正的营销价值，接着精准营销，根据顾客需求实时营销。最后，营销追踪，收集顾客反馈信息，完成看到、知道、做到、学到的学习循环四步骤。

所有的营销策略，在 D.I.E.T 学习循环中都变成一场场的实时实验。从看到数据、知道问题、做到方案，直到学到智能，从被动的报表分析，到跑在数据之前，开始做营销预测，这次得到充分的学习知识，下一次就能启发更多的实验想象。在实际应用中，有个商场在门前广场上安装了一套 Wi-Fi 系统，根据不同的时间点，向经过商场门口的消费者推送特定优惠内容。比如在星期日的早上，对路过的人推送早午餐优惠，一旦有消费记录，接着再送商场里其他店家的折扣券。这时，还可以做对照实验，第一次送寿司店的折扣券没有使用，那么第二次就送面包店优惠券，一次次的消费记录，都成为分析诊断的依据。每个顾客喜欢哪家店，商场的店家都很了解。通过不断实施D.I.E.T流程，优化营销决策，逐步获得大数据所带来的营销成果。

PART 3 转动大数据，
魔鬼藏在 3 个细节里

从满足需求到预知渴望

"营销无用"向来是个重要的话题。你一定检讨过:是不是广告预算做得不够?广告平台没有选对?或是消费者对广告内容不感兴趣?但这些都是营销后端的"检讨结果"。事后诸葛亮无济于事,请试着将目光从每月成百上千张报表上移开,先看看营销世界究竟发生了哪些变化。

大数据画下了一道分水岭，在大数据来临前，营销人还可以等待顾客上门；但大数据时代，商场上只有一个标准：速度，跑得快，才能受到顾客青睐。

说穿了，所谓的营销无用，都只有一个原因：消费者动得太快，品牌反应得太慢。现在是品牌、消费者和反应时间的竞赛，品牌要挑战最实时的消费者轮廓和最敏感的需求动机。这一秒的需求如果无法得到满足，那消费者势必寻求替代的选择，这样只会产生两种结果，你是被舍弃还是被选中的那一个。

从营销演化的脉络分析，在营销1.0时代是被动式营销，称为"反应需求"时期，企业家只能尽量满足顾客需求。到了营销2.0时代，企业家开始懂得创造需求，创造差异化价值吸引顾客，称为"塑造需求"时期。接着是营销

3.0，品牌与顾客不再满足于一次性的消费关系，希望持续保持互动，配合顾客的消费状态改变，适时地提供更切合消费者当下需求的定制化服务，让顾客愿意永久跟随，建立长期的销售关系，称为"经营需求"时期。

但这一刻，大数据让营销走入4.0"预测时代"，从满足顾客需求，到预知顾客渴望，在顾客开口前生意已做完（详见图3–1　360°顾客档案）。

图3–1　360°顾客档案

有系统地对消费者结构化（会员、交易及活动等相关数据）与非结构化数据（社交数据、客服记录）进行搜集，创造以顾客为中心的360°顾客档案，千万别被这些琳琅满目的大数据给冲昏了头，先冷静地思考要解决的核心问题是什么，然后再衡量自己的能力，搜集关键而必要的数据。

也就是说，时间和反应效率是大数据营销最大的敌人，你需要的，不仅是更快的信息系统和更复杂的算法。在市场一窝蜂围绕着更快、更复杂的解决方案时，我们往往忽略背后可能藏着一个拖慢速度的黑洞，不断地牵制着营销决策过程中的每一个步骤；不先把黑洞填起来，不管你用多先进的大数据分析技术，到头来还是会事倍功半，无法达到预期效果。

我们常常说"魔鬼藏在细节里"，对于这些藏在黑洞背后的魔鬼，你不但要认识它，还要知道怎么收服它！

魔鬼1号
鸡同鸭讲，各说各话

我曾经好几次在客户的讨论会议中，听与会的高级主管为了决策的问题争论不休。其中一方主张要针对"不活跃会员"制订一个唤醒的方案，这时候另外一个主管举手表示应该是把"停滞会员"一并纳入这次的方案中，最后一个发言的人推翻了前面两位主管的想法，他认为"沉睡会员"才是计划中最需要沟通的目标客户。

结果，一场快两个小时的会议里面，三方人马就这样绕着"不活跃会员""停滞会员"以及"沉睡会员"打转。老板一时之间也不知道该怎么做出最后决策，只好请各部门各自厘清不同会员的定义，由信息部协助获取名单进行核对，下周再议。于是一场徒劳无功的会议正式结束，满屋子的人一哄而散，留下更多问号；等待结论的过程中，还存在让对手伺机超越的风险。

很多人应该对这样的对话场景并不陌生。这种会议每天都在不同的会议室里面发生，然后决策就这样在无意义的对话中悬而未决。问题出在哪里？出在团队之间没有共同语言，造成团队沟通成本大量浪费在翻译上，不但浪费时间还会造成误会。

如果换个场景，企业内部对顾客的分群就只有NES分群的五大类标签，分别是N（新顾客）、E0（主力顾客）、S1（瞌睡顾客）、S2（半睡顾客）以及唤醒概率低于10%的S3（沉睡顾客）。假使如此，同样的会议场景，报告和讨论内容很有可能是："根据报表，目前N的新增状况稳定，但是S2和S3顾客的唤醒率偏低，各部门针对这个状况有没有建议，或是正在执行中的数据可以回馈分享？"

把内部的沟通名词统一，首先各部门在搜集数据、产生报表时，都会用一致的逻辑和架构来呈现，有助于所有与会者的阅读和理解；其次是对于专有名词和逻辑的一致性理解，让团队伙伴在沟通讨论过程中，确保每个人的认知逻辑是一样的，省去了重复解释的时间，降低会错意的沟通风险；最后，从会议结论到实际执行，所有部门只要照着会议记录去做，不但清楚，作战任务从总部到地方也绝不会有一丝模糊或灰色的地带。当我们还处在团队作战，优化效率的第一步时，请从沟通开始。

魔鬼 2 号
盘根错节，各自为政

以超市零售业为例，除了关心顾客消费之外，他们也非常在意货架商品的陈列和组合。熟悉超市管理和运作的人应该都知道，商品分类是一门很大的学问。比方说排骨可能是分在肉品区、新鲜海带可能被归类到生鲜区，不同分类的库存、销售和营运数据管理，都是各个品类的采购主管独立负责。这些采购主管们对于所负责的品类可以如数家珍般娓娓道来，但是这样的熟悉度，也仅仅局限在他们熟悉的产品。

在某些地区性的超市，通过不同产品线的分类，可以观察到一些产品组合的属性。比方说在中国北方的夏天，排骨和海带的交易数据会出现很强的关联性，但是当营销决策高层想要看这些数据，或是要挖掘这样的组合时，每次都必须重新要求肉类区和生鲜区的采购主管重新提供数据，然后重复着汇总、检查和运算的程序，费时费力。

上面的例子也经常出现在企业中，并且严重影响效率。要彻底解决这个情况，其实有两件事要克服。首先，是决策高层的理解和授权。在过去多年的顾问经验中，数据决策能否成功的关键，往往在于老板的态度，而老板的态度最直接地反映在组织人力和费用资源的授权上。

很多营销决策效率低下，是因为空有数据，但这些数据却散落在企业内不同的单位，每次需要用到这些数据时，才通过部门协调进行一次性的搜集与汇总。

但是真要把这些散落各地的数据汇总起来，也不是个别部门的主管就能搞定的，因为以顾客为中心的资料汇整，牵动运营策略的逻辑面，以及跨部门的数据、人力和资源投入的整体作战。这么大的事，如果不是老板充分地授权，很多时候都只是做表面，开几场数据整合讨论会后无疾而终。

其次，跨部门之间要基于企业利益最大化的共同愿景，有推动数据整合计划的共识。前面已经提到在既有企业部门间往往存有隔阂和各自要背负的部门压力，在企业层面的数据整合过程中，本来就会有部门会是整合数据后的应用单位，而有些部门则是很纯粹的数据原料供给单位，如果部门之间没有有效的沟通，光是要说服这些部门合作，就能让老板伤透脑筋。

简单来说，你不能期待数据整合这个关键任务会像杰克的魔豆一样，在一夕之间发芽长大。它靠的是团队对于未来挑战的认可，以及所有成员想一同进入数据化竞争的那种破釜沉舟的决心。

魔鬼 3 号
坐而论道，纸上谈兵

影响营销决策效率的最后一个魔鬼，就是光说不练。

尽管我们能够让团队用一致的语言流畅地沟通，也能够通过整合的数据，实时看到动态报表，但是如果这一切都停留在会议室的讨论阶段，而没有让数据真正落地，你会永远不知道该怎么果断地做出一个营销的决策。

数据决策营销好玩的地方，不在于你是不是每次都能够做出正确的决策，而是你是否能够通过每次的决策和执行快速学习，通过经验累积，让营销决策慢慢地转变成为条件反射。前面提到的两个关键任务，只是帮你预备好一个能够有效率学习的环境。

最后一步仍要靠你把数据带出会议室，然后实际应用在各个项目中，无论执行的结果是成功还是失败，至少下次开会的时候，数据和报表背后，是学习和经验的累积。

电商如何有效招揽顾客？
阿里巴巴：动态标签，掌握顾客DNA

> 网络流量发展到"不患寡而患不精准"的成熟阶段，阿里巴巴使用消费者动态标签，随着真实交易行为实时变动，帮助电商有效招揽顾客。

2013年，淘宝网创造了举世闻名的纪录，单日创下350亿人民币的电商奇迹，让许多创业者一头扎进了网络零售的世界。那时生意很好做，网商不多，投放1 000元的广告预算就很有效。

但到了2015年，电商世界重新洗牌，淘宝店家越来越多，分到的流量越来越少，无法招揽顾客，连带广告投资回报率逐渐降低，即便是突破1都相当困难。连阿里巴巴都在问，这是怎么了？

这是网络卖家的集体焦虑，更是中国最大电商阿里巴巴的痛点。阿里巴巴握有全中国80%以上的在线交易流量，流量数已达到顶峰，向上提升的成长空间有限，同时网络卖家成长速度越来越快，瓜分着有限的流量。对阿里巴巴来说，这是个危险的信号，代表着卖流量这项生意开始出现危机。

以淘宝网为例，开始产生僧多粥少、流

量不均状况。短短一年的时间，网络卖家的感受更是深刻，花同样的营销预算买流量，成效却远不及一年前的一半。其中，出现两个问题，第一是流量成长有限，第二是导流的对象不够精准。

于是，大数据营销有了发力点。网络流量不足不是问题，不精准才是大问题，流量不是"患寡而患不均"，而是"患不精准"，解决流量不精准的问题，才能有效提高广告的投资回报率。

电商成功获利的关键在招揽顾客，网络广告仍是招揽顾客最有效的方法，投放广告有四个考虑要素：选人、选广告、选预算、选产品。具体来说，品牌商第一要考虑的是，我要接触哪个对象，第二是选择商品，第三是我愿意花多少预算来接触这些人，第四是我要用什么样的广告创意来接触他们。

面对庞大而陌生的消费者，没有逻辑与策略地投放广告，就像一场单凭运气的赌注。因此，选对人是有效投放广告的关键。

那么，我们该如何选对人说话？以淘宝商家为例，在广告投放上，除了选择位置外，也能选择标签人群名单投放，但深入了解后，发现一般标签名单是传统人口统计分类：性别、年龄、居住地、职业、消费偏好等特征。还记得前面提到的人口统计营销和大数据营销的差异吗？这些硬邦邦的人口统计标签，背后的意义其实是一批不变动的固定死名单，这些名单在大量曝光、打造品牌知名度，或是其他特别需求时适合使用，但是精准营销中，就显得过于庞大失准。

说穿了，广告营销无效，是因为数据库的名单失效。想象一下，某位顾客是公务员，喜欢团购美食，之后离职换工作到美妆产业，转而开始热衷于购买各类新奇美妆小物品，但却因为起初的职业设定，让彩妆销售员误判"这不是我的广告投放目标"而错失机会；人天天在变，店铺的运营状况也不断在改变，传统标签的定义方式显然跟不上"快营销"的电商脚步。

而这些人口统计标签更因为店家的不同需求，急速扩充到近1 000种，使得营销人员难以驾驭，只能凭经验推测这次应该使用哪几个标签名单投放广告；庞大的名单数量，也使得营销人不得不花大笔预算，广告效果却并不理想。

看到痛苦的淘宝商家，我们认为，应锁定三个目标：精准、动态、简化，借助数据演算的动力，活化名单。

小而准数据炼金术
计算出自己的顾客DNA

在过去，淘宝商家要针对新产品——钢铁侠的T恤投放广告，就只能以操作经验来判断，从一般标签中选择"男性、20~30岁、购物偏好英雄动漫、曾买过T恤"这几项标签，锁定这些标签所产生的名单投放广告，借此找到钢铁侠T恤的爱好者。

但仅仅这些标签加起来，人数可能就高达数百万人，因为阿里巴巴数据库有上亿个会员，店主若要全部投放，所需耗费的广告成本将非常高昂，对小店来说，可能根本无力负担。而就算店主真的砸重金投放广告，广告效益如何呢？这些人购买钢铁侠T恤的概率有多高呢？答案是：不确定，也不知道。

其实，找不到答案的最大的盲点在于，忽略了最珍贵、有效的数据就在身边，也就是本店曾经交易的会员的数据。虽然不如阿里巴巴的总体会员是大数据，但却能精准勾勒出会购买你家商品的会员样貌。广告要精准，不在于接触的人很多，而是在于接触到广告的人都会买。

另外，我们再将时间这个变量加入演算，便能清楚了解你的会员中哪些人第一次消费（新会员）、哪些人会在固定时间回来消费（主力会员）、哪些人消费后，很久没有再回来购物（流失会员）。有了这些数据，营销上便能有凭有据地灵活运用，对主力会员投放活动信息，持续提高贡献；对于流失会员投放回流方案广告，提醒这群人别忘了回来购物。

而对于潜在顾客的招募，通过分析"新会员""主力会员"的数据，再到阿里巴巴大数据库"淘金"，挖掘出拥有相似DNA的潜在顾客投放广告，更能运用"标签智库"选择DNA序列相似的程度来进行不同策略的广告投放；如选择DNA相似程度仅放大5倍的淘宝会员，就像是近亲种子名单，消费行为非常相似，投递广告最精准；反之，若选择DNA相似程度放大30倍的淘宝会员,就如同远亲,人群较多但消费行为相对较有差异,因此投递广告精准度稍微下降,但好处是曝光度较高(详见图3–2 DNA算法精准接触高贡献潜在顾客)。

阿里巴巴的数据,与电商店铺数据建立互补关系,前者提供整体市场特征,后者精准掌握个别商家潜在顾客轮廓,让我们告别"猜"的不确定性,而名单精准收敛,更使投入的广告成本大幅降低,投资回报率自然攀升。

实际使用精准标签(标签智库)以投放广告的淘宝商家,平均投资回报率比原本用经验挑选的标签成效提升3~5倍,这就是精准数据营销的强大力量,用自己的数据,算自己的生意。

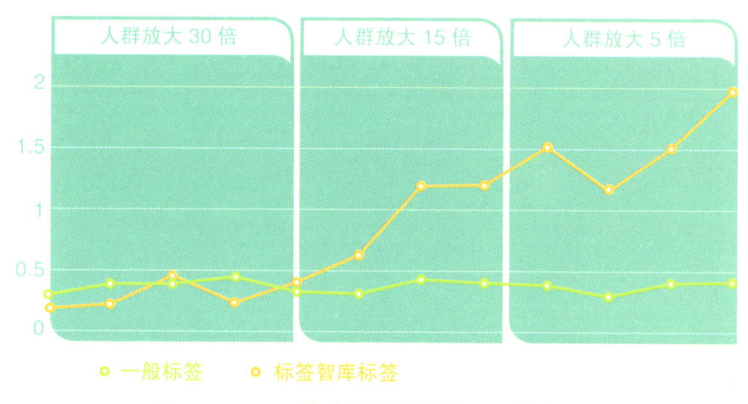

图 3-2 DNA算法精准接触高贡献潜在顾客

动态"标签智库"从店铺观点出发,通过消费者DNA算法,算出各店铺的消费者图像,并可依等比例放大范围。比如现有5 000名曾经购买某产品的种子顾客,以他们为基准演算出DNA标签,根据DNA标签放大5倍,这25 000名就是极有可能购买该产品的潜在顾客。店铺可依广告投放预算决定倍数,但准确率与放大倍数成反比。

消费者动态标签
顾客变我们就变

一共2亿人次的淘宝会员天天在变,只靠一两个营销人员,绝对赶不上市场变化的速度,因此我们创造了"活的"标签,快速反应顾客需求。

什么是活的标签呢?

第一,所产生的种子名单在投放广告期间,将不断自动更新。昨天A会员还是潜在顾客,会收到吸引新客上门的广告,今天他上门购物,消费者动态标签就直接将他排除在"吸引新客"的广告名单之外,并转到"吸引二次购物"的广告名单内,这样一来,不但节省了广告费用,会员收到的广告也是相对有用的信息。

第二,一旦A会员购买了B商家产品后,他的消费数据DNA也同步开始被自动分析,B商家的顾客轮廓将多一个样本值。可以想见,当越多人购买你的商品,你将越来越了解什么样的人容易成为你的顾客,而且这次是扎扎实实地用数据计算出来的活标签,不只是经验之谈。

第三,依据这些"活"的动态数据,就可以计算出7天后最有可能购买B商家产品的名单并投放广告,为营销人找到最可能花钱购物的顾客。

数据越大，越要简单
上千标签简化成 19 个

阿里巴巴每天产生的庞大数据量，一方面是庞大的数据金库，产出许多有价值的数据，但高达 1 000 种的人群标签，也同时让营销人看花了眼，与其花费大把时间一一选择标签，营销结果还不一定准确，不如把时间还给策略思考和创意营销，所以数据越大，营销人越需要用统计和科技简化决策流程。

多达 1 000 种的人口特征标签，通过 3 个演算模型 NES、LRFM（Length，顾客开始购买你家产品至今的时间长度。Recency，顾客最近一次来购物的时间。Frequency，顾客购物频繁程度，Monetary，顾客平均购物金额）及 NPT。

将上千种标签改为简单清楚的 6 组动态及 19 种标签，6 组动态包括 "顾客动态""入店资历""购物情境""购物频率""购物金额""购物概率预测"（详见图 3–3 找到顾客的 19 个动态标签）。

运用这 19 个动态标签，就能做到精准投放广告，标签名单每 24 小时自动优化，让广告投放自己找到最适合的人。这 19 个标签并非是穷尽的概念，而是通过数据分析，让高达千种的人口统计标签简化至 19 个，降维到营销人可以有效处理的范畴，具体成效在于足以提升广告精准度，商家还可以搭配原本的一般标签灵活使用。

顾客动态 NES	⇒	1. 新顾客　2. 主力顾客 3. 近期回头顾客　4. 瞌睡顾客 5. 半睡顾客　6. 沉睡顾客
入店资历 Length	⇒	7. 早期　8. 中期　9. 后期
近期购物情境 Recency	⇒	10. 最近买家　11. 中期未购物买家 12. 长期未购物买家
购物频率 Frequency	⇒	13. 高频买家　14. 中频买家 15. 低频买家
购物金额 Monetary	⇒	16. 高消费买家　17. 中消费买家 18. 低消费买家
下次购物预测 NPT	⇒	19. NPT 7 （7天内最有可能再次购买的时间点）

图 3-3　找到顾客的 19 个动态标签

改变以人口统计营销为分析的数百种标签，聚焦在 LRFM 顾客细分+NES 顾客状态+NPT 下次购买时间等三大顾客分类法，共得出 19 个消费者动态标签，精准掌握你的顾客

　　营销操作变得简单上手，因为复杂的数据，已经通过背后统计，帮营销人运算完毕。未来电商店铺的无人化经营不再是理想，而是一定会发生的事。

食品业如何做到精准营销？
雀巢：找到现金牛VVIP

> 现金牛（Cash Cows）就是品牌忠诚度最高的VVIP（顶级消费者，Very Very Important Person），对品牌来说是最成熟也最稳定的获利来源，这群人不见得会说你最爱听的甜言蜜语，但绝对是品牌的铁杆粉丝。

品牌的顾客关系管理是门大学问，近10多年来，全球掀起一股不可逆的趋势，那就是所有品牌都顺应潮流地走向会员制。

因为听说会员数据有淘金的无限可能，各品牌不约而同地端出相同菜品吸引消费者，最常见的是推出会员积分、会员折扣、进店礼吸引顾客成为会员，的确成功搜集了大批的会员资料。

一窝蜂跟风的结果是，大部分的品牌堆积了陈旧的会员数据，唯一想起它的时候，就是一年一次发送营销邮件的促销档期，其他的364天就放在数据库里结蜘蛛网，成为"死"的数据。

这说明了现今品牌最大的困境是，人人手中都握有一副好牌，却不知道怎么打，发现了一座巨大的顾客金矿，却不知道如何淘金。

怎么找到"现金牛"？
淘金就从会员分类开始做起

想要有效地激活会员数据，最基本的方式是找到你的"现金牛"。现金牛一词的来源是波士顿咨询公司设计的BCG矩阵（BCG Matrix），以市场占有率与预期市场增长，双轴建立的2×2矩阵，用途是协助企业分析系列产品的各自表现，让资源可以更合理地分配使用。

2×2矩阵的4个象限，分别命名为现金牛、瘦狗（Dogs）、问题（Question Marks）、明星（Stars）。绝大部分的品牌生命周期都是从"问题"开始，然后移向"明星"，当市场蓬勃发展，则会移向"现金牛"，最终则会移向"瘦狗"，完成一个产品的生命周期。

其中，现金牛代表的是拥有高市场占有率及低预期成长的业务。转换成顾客关系，指的是忠诚度最高的顶级消费者，是最忠实的一群顾客，重复购买频率与平均购买金额均高于整体平均值。

在台湾，有一家成功开发现金牛顾客的企业品牌——台湾雀巢公司。当时雀巢要引进前所未见的胶囊咖啡机，抢占现煮咖啡市场，这不是与其他咖啡机的竞争，而是对于台湾市场消费者咖啡饮用习惯的转型挑战。

进一步地分析胶囊咖啡机的主要赢利来源，不在机器本身，而是咖啡胶囊的长期补充，因此消费者关系维护是产品的赢利保证；另一方面，消费者也尚未建立在家现煮胶囊咖啡的习惯。

雀巢的做法是，清晰地将营销命题设定为：当胶囊咖啡机交到消费者手上时，就是雀巢与消费者建立关系的开始。也就是说，咖啡机卖给消费者后，要时时唤起消费者向雀巢再次购买咖啡胶囊的意愿。

在了解雀巢的任务后，我们提出了要达到这项目标的观点，在于雀巢必须专注于主动与消费者维持长期互动关系，重复购买循环才能不断运转。长期目标是使消费者满意，在消费者心中建立良好口碑，利用口碑扩散效应，让胶囊咖啡机进入更多消费者的生活空间，而方法就是通过大数据分析，做最有效的顾客关系管理。

将每个会员视为一个独立的生命周期，通过数据分析可以知道每个会员购买咖啡胶囊时，喜欢哪些口味组合、平日还是周末饮用等个人饮用习惯，甚至还可以预测到会员下次上网购买的时间点，营销活动还可以细致操作，像是触动只注册而没有在线消费的顾客首次购买行为。更重要的是，找到贡献度最高的VVIP。

在销售咖啡胶囊的旺季冬季，我们从雀巢数据库中将消费频率高、消费预算充足及对价格敏感的会员名单选出，另外使用NPT模型计算，挑出接下来最有可能消费的会员，针对两个群体同时发送冬季促销方案的电子邮件，结果发现NPT群体会员的购买转换率确实高于其他群体，成为该期雀巢的"现金牛"；最后，雀巢花了少量的电子邮件、短信寄送费用，就有效地使VVIP现金牛们纷纷开始采购，让当月业绩提升了30%。

用问卷测出逆耳忠言
VVIP最佳品牌助力

别以为现金牛只有销售价值，你绝对想不到，当这群VVIP碰到问卷调查，还会产生前所未有的收获，那就是最忠言逆耳的品牌优化帮助。

请试着回答以下的问题：如果你打算搜集200份有效问卷，依照以往的经验，你需要发多少份问卷，才能达到这个目标？预计用多少预算和时间来执行？

以往的方法是这样的：评估网络问卷大约是5%的回收率，想要保证收到200份的问卷，就必须有20倍的发送量，也就是发出4 000份问卷，一个月内如果可以回收，就是不错的表现。

但现在不一样了，在执行大数据分析的3小时内，就可以轻松完成以下的目标：

- 精准挑选出1%的VVIP顾客
- 发送390份问卷，全部回收
- 问卷寄出3小时内回收35%的问卷
- 5天内就回收了超过目标数86%的问卷数
- 所需时间和预算都在以往的10%以下

这是怎么做到的？因为我们与雀巢锁定了金字塔顶端

1%的VVIP，条件是贡献金额高、稳定消费、互动参与度高的会员。

对品牌来说价值最高的VVIP不见得会说你最爱听的甜言蜜语，但绝对是忠言逆耳的品牌助力。因为通过回收的问卷发现，一半以上都是批评与建议，比如"台湾为什么没有进口抹茶口味的胶囊？"背后的意义是，这个人是咖啡胶囊的狂热爱好者，因为抹茶胶囊是日本独家，他已经在调查全球咖啡胶囊的口味。

"为什么卖场都是单一口味的大包装？我想要一次喝到很多口味。"这就告诉品牌商，胶囊要怎么卖，大包装还是散包装，是多口味混合还是单一口味大包装？因为找到最忠诚的一群人，对于他们的回馈与建议，只要修正执行，就能确保未来可以成为消费的增长点。

最令人惊讶的是"速度"，在问卷发送后的3个小时就回收35%，那是因为数据做到了发送时间的"一对一定制化"，利用数据得出，A先生最可能在什么时间打开邮件，就在那个时间点发送问卷。举例来说，有些人在上班路上会打开邮件，但如果是开车族，并没有时间填写答案，而搭乘公共交通工具的人，上班路上的时间会玩手机，填写答案的概率就高，这些都是数据细分受众的好处。

以品牌最常使用的电子报为例，以往只能盲目发送，消费者没反应就再发一次。导入大数据分析后，可以很精准地掌握消费者的打开情况，消费者没有点开电子报阅读一定有原因，对此可规划促销活动，再次发送给没点开的消费者，观察哪些消费者对促销内容有反应，不断回馈修正，这就是大数据的营销力量。

品牌资源有限，人、时间、金钱等资源如何花在刀刃上？通过数据进行有效资源分配，对于VVIP可以降低营销预算，只要在关键购买点触动他们，就可以达到很好的效果。但是对于即将流失的顾客，就应该投入相对高的营销预算，产生资源最大化的效果。

O2O是线上、线下的拉扯竞争？
找出主攻与副攻的分工配合

从雀巢案例还可看到现今品牌对O2O（Online to Offline，线上对线下）的迷思。大部分人提到O2O，想的是线上带动线下消费，在传统的硬性分工上，会形成一种拉扯竞争的局面。以下状况你绝对不陌生：

当线上业绩不好的时候，就一直推网络广告与折扣，但其实是把本来要在线下实体购买的人吸引到网络购买，所以造成实体的业绩下滑，这就是O2O数据没有整合的结果。看到业绩没起色，以为是营销不足的问题，其实是因为线上的折扣优惠把顾客抢走了。

战略家的格局必须是整体品牌的扩散、整体营收的成长，所以线上、线下必须顺应环境趋势，调整各自主攻或副攻的角色，因为O2O的目标是企业的整体获利，以及消费者服务满意度的最大化。

O2O数据整合的综合效果，就是优化的利基点。举例来说，O2O整合碰到的第一个问题是，线上与线下的数据无法串联，因为实体消费的顾客不喜欢留太多资料，深究才发现，原来是因为顾客需要填写的东西太多，造成填写答案率低，所以要想优化数据，需要从第一线的顾客问卷开始优化。

第二，大数据厘清了O2O分工的必要性，还原消费者在品牌不同渠道间的完整移动轨迹。举例来说，从顾客实务数据发现，有些人的习惯是在实体店面了解完咖啡机后，就立即购买，但有些顾客则习惯事后在网络平台购物；而有些人习惯于大卖场购买咖啡胶囊，其他人则上网选购。

深入研究发现，习惯于在实体店面消费的顾客，平日就安排了这样的消费时间，而网购者则相反，因此这两群顾客大部分是不重叠的。若没有认清线上线下客户的分布状态，而为了吸引更多顾客，在某一渠道提供了特别的优惠，只会造成原本上购物的顾客改变购买渠道，而没有实质的增加贡献，还牺牲了自己的毛利。

O2O的分工产生，连带让电子商务网站可以跟其他渠道卖场创造细分市场，了解习惯于在实体店消费的顾客，偏好什么样的产品与服务，而怎么做能让网络购物者黏性更高，甚至成为你的口碑扩散者。角色、任务形成分工，消费者能在各自的需求中被满足，而每次的互动提升又被记录下来，数据持续大量累积，形成对消费者更深的认识。

大数据关注个人需求，针对用户行为轨迹，比如在线浏览轨迹、购物行为、群体标签等做到精准定向服务，都在指向一个新的时代，大数据+消费者洞察，成为新的精准营销模式，为品牌提供高效、精准化的营销策略，找到品牌现金牛。

零售业如何不必再猜顾客心？

黛安芬：钻石型顾客关系管理

数据的价值在事前预测，而不是事后分析。精准预测模型让营销人员不必再猜，让购买率大幅提升。

任何生意都有窍门，但零售业永远只有一个成功之道：打通人、物、店的三角关系，做到物畅其流、人畅其行，但这个难题始终悬而未决。零售业数百年来变革缓慢，人流、物流、资金流进化有限，直到出现了数据信息流，才颠覆了零售业运行的百年规则，为"猜"划了休止符。

运营一家商店就像治理国家，需要同时处理内政与外交体系：对内，必须管理种类繁多的产品、掌握库存、维系顾客关系；对外，要向众多供货商下订单、联系配送。推动商店企业蓬勃发展的必要条件，就是要建立一套有效率的运作机制，实时调度、掌控每个环节，确保每日资金流、物流、人流、信息流运行顺畅。

看似复杂的多条关系线，说穿了要处理的就是"人—物—店"之间的关系，人—物，物—店，人—店，这3条双向关系线，决定了一家零售店的生存命脉。

一个消费者想买什么商品？商品有没有送到店里？人选择了哪家店购物？这些问题曾经是非常棒的问题。据统计，美国零售业每年因为人、物、店的断点，损失700亿美元。到底出了什么问题，让零售业的"人—物—店"的流程出现断点？

答案就是"猜"，总是"猜"顾客想要什么、需要什么，成为零售业最大的致命缺陷。

在一家商店，常见的状况是没办法让客人买到想要的商品，原因有三种：一，没有在第一时间准确地推荐顾客适合的商品；二，店面上架的商品不适合该区域消费者；三，商品缺货来不及补。这都是商家"猜"错了，造成推荐错误、选品错误、备货缺失；久而久之，顾客对商店失去信心，便会转而向其他商店或品牌购买。

从现在起，别再猜了，因为顾客想买什么，已经通过数字全告诉你了，人、物、店的断点，就用大数据连接。

主客易位
从品牌中心到顾客中心

为什么不用再猜？数据到底改变了什么？

从最实际的供应链成本切入，最大的利基在于降低库存，信息畅流。一旦采购、物流可以自动化运作，存货周转率自然提高，而设立了"及时供货"的新标准，企业就可以省下仓储成本，达到获利最大化。

库存量最小，意味着采购与配送必须更为敏捷。供货商在数据中心得到商品流通动态信息，各分店的销售统计数据、各仓库的调配状态、销售预测等数据后，以此作为安排生产、供货和送货的依据，达到少量多次的实时配送。

"及时供货"不再是天方夜谭，追根溯源真正的原因是准确掌握顾客喜好。

当企业和品牌已经深知数据的力量，不约而同都将目光放在"会员数据"时，就是数据运用的最佳起点，也是最有潜力的数据矿产。顾客体验与回馈，不仅可以修正产品，也能达到产销平衡。

在台湾已经营47年的外商内衣品牌黛安芬，建立了从制造、零售到服务的一条龙业务，如何从单一渠道发展到多渠道，甚至到现今的虚实整合全渠道（omni-channel）的营销方案？我的老朋友、黛安芬董事总经理康翔泰找到了答案，他说："主客易位，顾客是唯一的答案！"

以往，因为业绩导向，从单一渠道拓展到多渠道，从百货公司柜台延伸到临街商店，想法单纯，"要让商品接触顾客的机会变多"。电商兴起，开启多元渠道时代，同时也出现渠道销售混乱的情形，将O2O的线上销售视为另一个销售渠道，而非策略型的全渠道经营思维（详见图3-4　全渠道以顾客为中心）。

全渠道与多元渠道（multi-channel）最大的差异就在价值核心，前者以顾客为中心，后者以品牌为中心。也就是说，全渠道得以实现，来自以顾客为中心的虚实数据整合，作为延伸到未来销售的利基点，但多元渠道只是品牌发展策略的浅层思考，并没有产生太多的长期价值。

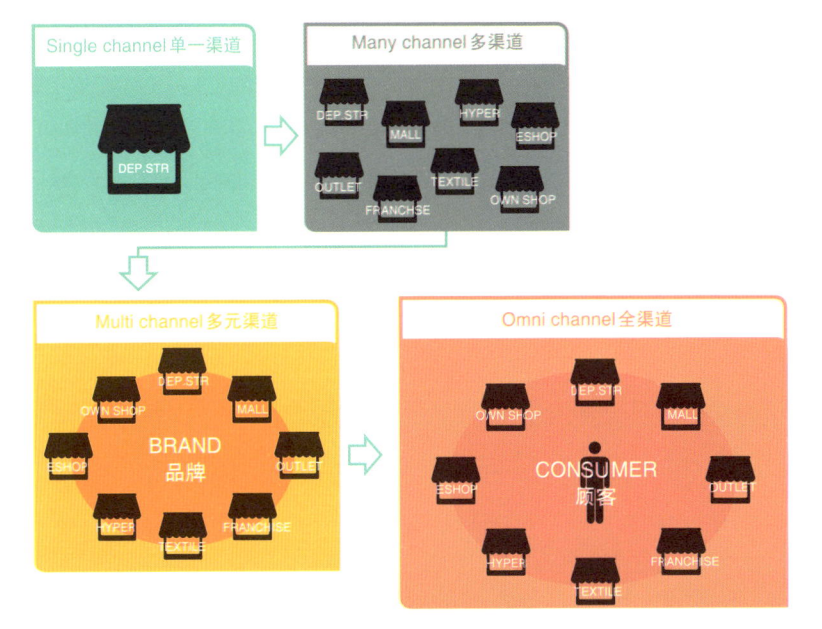

图 3-4　全渠道以顾客为中心

> 零售业从单一渠道、多渠道、多元渠道到全渠道策略，经营思维从"要让商品接触顾客的机会点变多"，变成策略型的全渠道经营思维。全渠道与多元渠道最大的差异就在价值核心，前者以顾客为中心，后者以品牌为中心。全渠道是以顾客为中心的虚实数据整合，作为延伸到未来销售的利基点，多元渠道只是品牌发展策略渠道的浅层思考，并没有产生太多的长期价值

与消费者连接的所有关系线，就是创新的来源，也是创造品牌新价值的动力。"创新就是创价"，我的老朋友康翔泰先生如此说。而搭起这些关系线的桥梁，就是大数据。

不过，万事开头难，数据运用也是如此。光有数据还

不够，要把数据整理好。我发现面对庞大的会员资料，黛安芬遇到的第一个问题是"塞住了"，如同很多品牌将会员机制、红利计算通通让POS系统承担，像是一锅大杂烩，什么数据都有，但却无法找到有价值的数据，这也是所有品牌面对数据应用时最头痛的地方。

POS系统的出现，降低了订货与库存管理都靠人力的经营成本，逐日累积的每笔交易记录、实时库存盘点，成为零售业的帮手。如今，POS系统面临超载的问题，解决问题的第一步是整理资料，调配出最完美的数据比例，让数据大杂烩变成美味的鸡尾酒。

在数据分析上，这个基本功的步骤称为数据整合，秘诀是"以人为中心"，把资料汇总在一起。举例来说，会员卡号、身份证号、车牌号码，这三方数据放在一起，如何判断这是同一个人？如果不知道是同一个人，根本无法做出任何决策判断，只会白白浪费营销资源。

因此我们开始做平台分流，让数据单纯化，等同于练好基本功，价值随之源源不断地产生，成为精准预测模型的基础。

精准的下一步——推荐模型
手里拿的至少有一件是对的

数据最大的价值是协助决策，而不是事后分析，"精准推荐"成为大数据改变零售业的核心功能。

通过直观的消费记录，过去销售人员一样能从系统中查询到顾客消费记录。假如有一位顾客共买了 10 件内衣，其中有 5 件是黑色。那么，她今天来到店里，你开始猜她想购买的第 11 件内衣是什么颜色？要继续推荐黑色？还是选择其他色系？

一念之间的决定，就是来自销售人员的"猜"，猜想推荐最新款式的黑色，或是根据消费者的年龄来做推荐的判断，当你发现消费者只有一次的试穿机会，这么做，风险似乎太大了。

当消费者只有一次的试穿机会时，你的任务就是如何让消费者在走进试衣间的时候，手里拿的至少有一件是对的。从顾客踏进店门的那刻，已经可以定制出顾客的专属购物列表，数据平台提供一套"好的预测"，顾客的提袋概率就能大幅提高。

以黛安芬于 2015 年 6 月推出的 "stand up for fit"（SUFF 挺身而试，内衣量身试穿服务）活动为例，从身材诊断、穿衣服的搭配困扰、生活状态、最在乎的内衣条件……这些顾客提供的主观数据，加上销售记录的交叉核对，发展出每个人专属的内衣推荐模型。

一对一营销是最好的服务，数据整合改变了企业的营销方式，包括平台的分工、专业的分工，还有角色的分工，而我们下一步将运用"推荐"成为数据支持的销售模式。以往是销售人员的经验值判断，是靠人做判断，现在人为因素降低了，经验已经不是累积在人的身上，是完全依赖消费者的行为去做推荐。未来,销售人员不再只是销售人员,而能以专业的数据预测,搭配人性的亲切互动推荐商品,升级成为顾问。

人、物、店的断点
就用大数据连接

商场竞争是分秒间发生的事,竞争优势就在于大量消费者数据演算之后,谁能最快对消费者的需求做出最适当的响应。精准大数据代表着速度,还有决策效率与质量的提升。

"获利"绝对是企业经营的共同目标,背后的动力来自服务流程的变革,数据的力量,就展现在营运流程的优化。推荐式的"商品预测"就是最好的服务体验,回归到数据的价值是为了做事前预测,而不只是事后分析。

大数据分析不是一个冷冰冰的工具,而是以人为中心的全局思考。每个品牌都像是站在一条势均力敌的拔河绳上,一边是品牌发展的理想愿景,另一边是现实的绩效考验,在这段拉扯关系上,顾客成为平衡点(详见图3-5 钻石型顾客关系管理)。

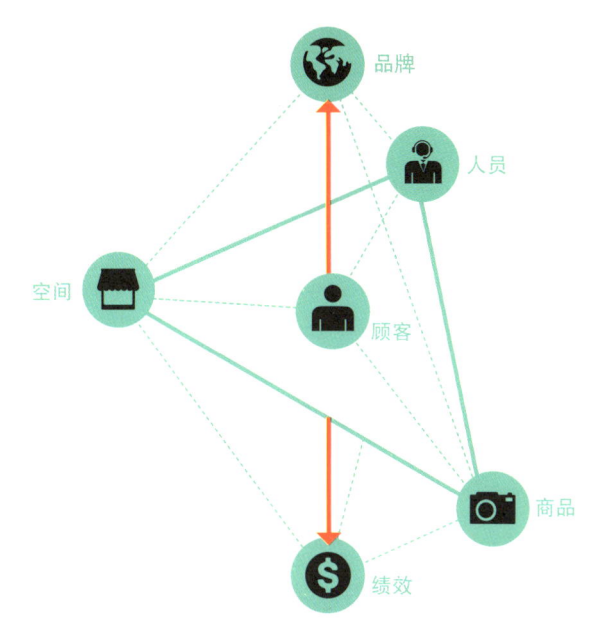

图 3-5　钻石型顾客关系管理

　　企业在发展品牌理想与追求绩效的同时，顾客是最佳平衡点。所以，以顾客为中心发展出的所有关系线，是企业长期发展的保证。以上图为例，顾客只有对空间、销售人员、商品三者同时满意，才会埋单。

如何让电影叫好又叫座？
电影VOD：评分模型预测最强演员阵容

> 拍电影像赌博，发行商像星探，到底什么电影才有人看？怎么找影片才不亏钱？大数据让顾客和电影配对，并设立电影自动评分机制，避开误区，让每部电影都像好莱坞大片一样大卖。

《纽约时报》曾在一篇文章中如此评论影视产业：在美国的电视业里，没有什么事是确定的，也许你找齐金牌导演、实力派演员与热门剧本，但还是跟掷骰子一样，都是在赌。

对于所有职业电影工作者来说，要拍一部电影，除非拿到了投资，不然就是一场动辄倾家荡产的赌注。一夕之间，赢者名利双收；输了就背负一屁股债。

另一方面，除了上游制作端要承担风险，中游的发行与下游的放映这两大块产业也为如何挑选会热卖的片子，把它们成功地营销出去而伤透脑筋。

影视产业，不管是要让人愿意掏钱买票进电影院，还是让人愿意用电子货币支付在线观看的费用，这一切都远比想象中更困难，尤其现在每年动辄上千部影视作品被生产出，有时连专家都说不准谁能脱颖而出。

局面，有没有机会翻转呢？

在大数据出现之前，一部影片的赢利模式通常是这样：从边际利润最高的电影院开始，逐步发行至边际利润最低的无线电视。其中上映档期是卖座与否的关键，包括寒暑假、法定节日等，另外须考虑播放总数及上映电影院的厅数与地点。

电影市场的风险太大，不确定的变量太多：就算作品好，卖不出去怎么办？发不到院线怎么办？发到院线排程排得不好怎么办？或者排得量不够怎么办？

当然也可直接发行用录像带所拍摄的影片"录像带电影"（Straight to Video），虽然没办法带来巨额收入，但同时因为省去了在电影院发行的高额支出，反而可能成功赢利。

除此之外，现在也有越来越多的视频点播（Video On Demand, VOD）平台出现，也是一种影视发展的新趋势。它的概念是，平台商买下数量庞大的影视版权，供消费者在线随选随看，再按片计价。所以对平台而言，在购买的版权费不变的前提下，影片被观看的量足够多，它的效益才能最大化。

但多数情况却是，只有那些好莱坞大片、媒体宠儿们在平台上火爆，可能下载次数可以高达百万次，但假设10万部影片中只有100部热卖，剩下那些乏人问津的电影版权费不就白白浪费了吗？

影视产业最怕从头猜到尾：制作方揣测什么样的剧本、

演员和导演会受欢迎；发行和放映方则想尽办法挑选最有票房潜力的电影。这一切的答案都没有人可以回答，只能每次都像在赌盘上赌一把。

但大数据应用在电影产业，便带来破解之道。

视频点播平台的长尾效应
100部小众电影胜过1部好莱坞大片

以往我们认为电影要赚钱，一定就要开出像这样的演员阵容——史上最卖座的导演詹姆斯·卡梅隆，加上票房保证如莱昂纳多，再搭配一个经典天才剧本，最后再砸下重金营销，才能成就一部空前绝后的好电影。

不过，长尾理论（The Long Tail）说的可不是这样。它的基本原理是：再小都能聚沙成塔，用长尾创造市场规模（详见图3-6 电影的长尾策略）。

在影视娱乐业，长尾理论可以应用在视频点播平台，精准找到自己的观众群，用个人化推荐模型（Personalized Recommender Systems）让喜好不同的观众得到更准确的影片信息，而非热门电影"永远的TOP 100"（前100位），让其他99 900部有机会成为小众市场的冠军，从而创造更大的娱乐市场。

观点上最大的改变是：你是要推出一部超级大片，还是要推出100部不同类型的小众电影？一部超级大片的做法是搏一把，赢了就大赢，输了就血本无归；另一种做法就是推出100部五花八门的小众电影，只要其中80%可以赚一点点，加起来就可以比一部超级大片的收益还要好。

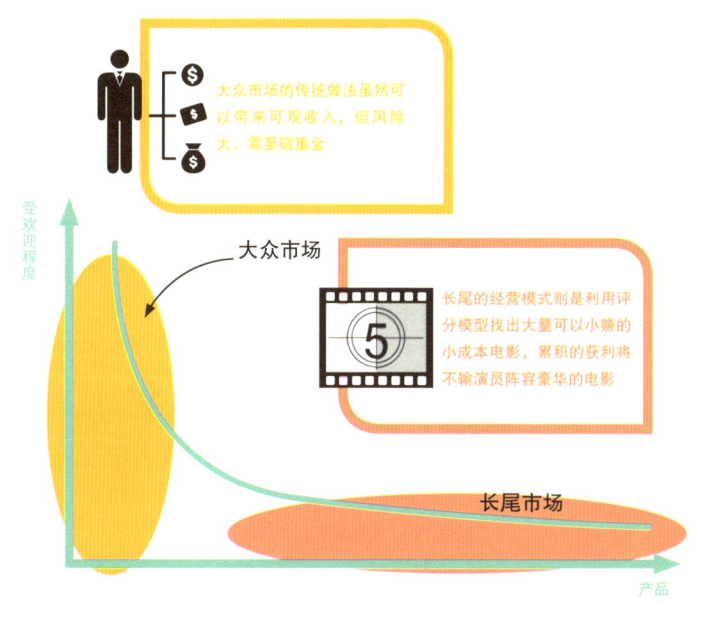

大众市场的传统做法虽然可以带来可观收入，但风险大，需要砸重金。

大众市场

长尾的经营模式则是利用评分模型找出大量可以小赚的小成本电影，累积的获利将不输演员阵容豪华的电影。

长尾市场

受欢迎程度

产品

图3-6　电影的长尾策略

长尾理论能够精准找到不同电影的特定观众群，而非热门电影或大制作、豪华阵容，让每一部好电影，都有机会成为小众市场冠军

从大众营销到顾客细分
用大数据把观众分群，再跟电影配对

但要怎么把这些细分市场划分出来？这时候要做的除了高度个性化的顾客细分，更需要将产品的细分加进来做交叉。

假设今天平台购买了1万部小成本制作的电影版权，

如果要赚钱，最好的情况是把这1万部电影平均分配给不同喜好的观众们，让这些电影们各自找到利基市场。

我们先假设平台上有2 000万位观众，代表这是一个1万部影片对2 000万观众的匹配，如果我能把这1万部影片细分成1 000种分类，那么对消费者而言，在点播的过程中就不再只参考热门排行榜的TOP 100，而是在各自不同的分类里选择少数几部电影，那么最后挑选的结果就会大不相同。

观众在挑选片子时有所谓的"信息不对称"，没有人会在看完1万部影片的简介后才决定要看哪一部片，这时候分类所提供的个性化推荐，能为平台带来长尾效应，把观众平均分给各种影片。但少量的分类不足以精准细分，可能需要上千个分类来描述市场。但1 000个分类不可能像过去一样单靠一份问卷得出，最少也需要10个彼此独立的维度才能够构造出消费者分类。

什么是独立维度？举例来说，原先经营出租影片业务、现在转型为在线影音平台的网飞公司，就通过算法将自己平台上观众的行为分类。它可以知道某一群人在星期天晚上比星期一下午更可能会看恐怖片，也可能知道某些人喜欢用平板电脑来看片，诸如此类的蛛丝马迹便可以将观众做细微分群。

但因为这些分类方式太过庞杂，必须演算成千上万个消费者在一段时间内的行为、留言等，让运算量非常庞杂，所以大数据工具与方法就变得更必要。

哪部电影会大卖？
大数据评分模型预测票房

既然不想靠一部大片赚够本，那么要让1万部影片里面至少70%赚钱，除了将每部电影细分市场，达到多元化且能满足观众个性化需求之外，也必须要建立一套评分机制，才能避开那些"赔钱货"。

这时候大数据可以发展出一套评分系统，通过整理过去的影片标签，可以利用回归分析找出票房与标签之间的关联性，以此作为评分标准。

过去我们如果要预测张艺谋的下一部电影会不会卖座，会发现其中涉及的因素太多了。张艺谋过去执导的28部电影里面，男女主角不同、主题不同、上映的环境也不同，你怎么知道某部影片之所以红是因为张艺谋，还是因为女主角是巩俐？

在评分模型的观念中，做法是把所有的变量都列举出来"属性化"。举例来说，张艺谋的标签可能是"国际导演""争议性主题""大片"等，其他如演员、剧本以及所有能找到的属性都贴上标签，再去比较同档期的电影票房，就能初步知道票房跟哪些标签相关性高（加分）、哪些标签相关性低（减分），把架构做出来再去追踪调整。但在把影片丢进评分模型中预测之前，还必须考虑时间点的因素，包括逢年过节、寒暑假、特殊事件等。

这个预测模型可以在单一电影上映前评估，也可以运用在同档期的电影竞品分析。只要找出导演、主角、主题组合后产生的观众偏好值，就能推测未来票房。

这套评分模型能做三件事：一是提供投资者依据，很多天使创投会投资电影，或是新锐导演在网络上众筹，但因为作品有限或没有作品，要如何推断投资该导演的成功概率高或低？这时候先列出剧本类型、男女主角，就可以用评分模型算出分数，预估在这样的排列组合之下可能的票房结果，计算该片的潜力值不值得投资。

二是长尾的赢利模式，可以用评分模型找出有利基市场的小成本影片。假设所有分数超过70分的影片都有投资价值，就算是新锐导演、新剧本、新人男女主角，只要这些项目的分类属性组合在一起超过70分，并且成本控制在多少之下，最后获利的概率就能被估算出来。这时候投资100部电影，只要40部电影赚钱就能回本、60部电影赚钱就获利50%，这是评分模型的另一种应用。

第三种应用则是自创内容去满足市场缺口。通过影片的分类，可以观察到市场上有哪些类型的影片还没有被发掘出来，假设我们用了10个维度去做影片的分类，可以在每个维度上发现各自的数量级是多少。

举例来说，一般恐怖B级片都会找性感女星当被害的女主角，所以在这个维度上，使用性感女星的影片数量很多，但使用知性女教授的影片可能很少，但该需求却确实有小众的需求，这就是市场的缺口。于是可以根据这些关键的市场缺口维度指导剧本创作，以创造出最高的票房价值。

可被自动化的洞察
快速找出市场供需差异

如何把消费者洞察变得更简单？通过自适应学习（Adaptive Learning）系统，这套电影评分模型就变成"可被自动化的洞察（Automaticable Insight）"。

它的概念是：把评分系统的公式当成一个不断在自我更新、变化的系统。它会根据网友们对影片的讨论、时事的影响（例如某导演或影星去世），甚至是主题与节庆间的关系（例如鬼节时的鬼片）等不断调整评分模型的加权。

举例来说，今天PTT（批踢踢实业坊）讨论区的电影版里"罗比·威廉姆斯"的帖子增加了，而在公式的设定中，这个字眼帖子的增加会自动调高评分模式里对"罗比·威廉姆斯"标签的评分，所以在这段时间内所有罗比·威廉姆斯的电影都会得到加权，自动被排到比较前面。

这就是"可被自动化的洞察"，这个洞察代表市场需求跟市场供给的差异。评分系统就像是一个全自动的筛子，可以筛选有潜力的影片，也可以当作推荐系统的依据，更可以当作市场蓝海的探照灯。

文化业只能是小众市场吗？
文艺产业：用顾客DNA交叉营销

> 用大数据把顾客DNA数据转化为指针，为顾客分门别类，精准掌握每一位顾客需求，让小众文艺市场，扩大为深入生活的立体市场。

芭蕾舞者一个漂亮的空中回旋，转身、定格，在全场掌声中优雅鞠躬，活动圆满落幕。不过，要让一场表演座无虚席，其实非常不容易。

文艺产业属于小众市场，其中，现场表演只能单次销售、一个场次卖一次票，一旦活动日期过了，再怎么顶级的表演，都只能全数化为主办单位必须负担的成本。

更大的挑战来自于文艺产业的销售周期比其他商品更短。即使预先安排好半年后的演出，售票高峰期仍落在开演前一个月；两者特性结合，让文艺演出营销人员压力大增，只能在开演前投放大量广告让演出尽可能地曝光，却难以追踪成效，不知道广告是否找到真正的买主，也不知道下次该怎么做，去哪里找顾客，顺利售完演出座位。

同时背负着自负盈亏的任务，更拥有推广文化艺术的责任的文艺产业，该如何将每场演出推广给适合的观众，增加观众入场的机会，并让小众市场成为平行垂直都能卖的立体市场呢？

首先，我们必须认识消费者。从大数据出发，文化产品其实并不只是短期一次性消费品，反而是一个可以向上营销，也可以交叉营销的扩大市场的大好商机，关键在于要先建立一对一营销。

如何从看热闹到看门道？有的人一开始买二楼后排的座位，慢慢愿意支付较高票价，坐到前排近距离欣赏；当然也有交响乐爱好者，最初其实是从芭蕾舞剧开始入门，有了兴趣后，进而喜欢上其他不同的表演类型。

为了理解不同观众的需求，大数据的策略其实很简单：经营会员。通过会员的购买与互动数据精准预测顾客需求，量身打造、投递合适的活动信息与广告，让顾客收到信息时感觉这不再是令人厌烦的广告，而是有用的信息。不但有效推广了文艺，也提升了购买意愿，更能借此进一步拟订策略，扩大市场，吸引更多人埋单。

要想清楚看见或画出广大的会员样貌，背后的大数据关键武器就是"顾客DNA"（详见图3-7 三步画出顾客DNA）。

把广泛搜集的资料转化成为有效指针，经过标签分类，清楚掌握会员状况，即能有效接触目标顾客、找出最有价值的顾客；接着针对产品属性，做精准又贴心的顾客关系管理与一对一营销。

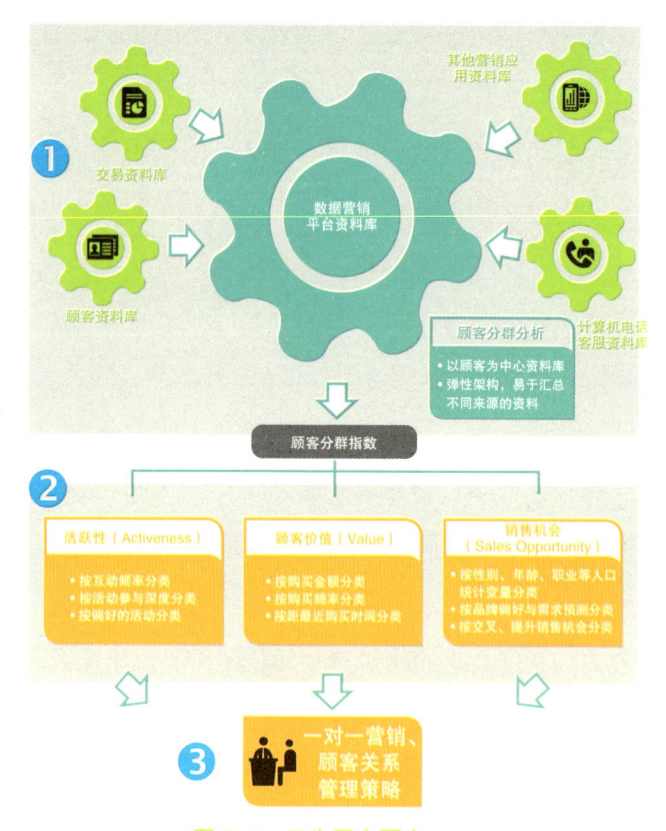

图 3-7　三步画出顾客 DNA

要精准掌握客户需求与活动票券，需要画出一张"顾客 DNA"：第一步，广泛搜集顾客资料；第二步，分门别类，转化为有效分析指标；第三步，经营顾客关系，做到一对一精准营销。

怎么找到消费者要什么？
从已知推未知，画一张顾客 DNA

有人喜欢舞台剧，有人爱看芭蕾，怎么知道不同消费者的需求是什么？顾客 DNA 最基本的概念，就是"从已知推未知"。这是一个未知的世界,可是没有人可以说做错的事情是不对的或不必的,因为要先做了才有可能知道对的方向在哪里。

数据也需要学习,逐渐找出"从已知推未知"的学习曲线。大数据的顾客DNA,是借由搜集来的资料掌握顾客分众,通过分析找出销售机会,再进一步由信息提供的线索不断修正、补充数据库。在做的过程中学,才能边做边学,不必因为营销周期短,一切要等万事俱备才出手,平日就可以与会员持续互动,先了解他们的喜好,建立完整的兴趣与行动图谱,在下一次活动启动前,就可以精准预测票房及会员的购票行为,而不是事后后悔。

要掌握会员的兴趣与行动轨迹,要仔细分析的最重要的两个元素是"活跃指数"(Activeness Index)和"价值指数"(Value Index)。

所谓"活跃指数",就是顾客与销售者之间的互动程度,包含互动频率、活动参与程度、偏好活动分类等;"价值指数"则是指顾客的贡献程度,包括购买频率、金额,还有最近购买时间;其余还包括一般性别、年龄等人口统计变量分群,以及品牌偏好与需求预测等。

为了精准判断这两种指数,小至一般的会员数据——是男是女、家住哪里、年龄几何——到平时打开会员信件查看活动信息频率、有没有转发,还有最近购票的时间、时间间隔、用什么方式买票都是画出顾客DNA的关键。

那么这张图，究竟该怎么"画"？主要分为三个阶段：

● 搜集资料：用已知推测未知

要掌握客户群，首先得掌握繁杂的数据源。包括会员数据、各式活动数据、电子邮件订阅数、问卷数据、线上或线下数据库及客户服务信息等。

这个日积月累产生的数据库，可以持续累积，只要有新信息，就会不断再加入；用已知的数据寻找线索，不断找出更丰富的分析素材，不但可以巩固老会员，也可以分析出未知的顾客与需求，进一步开发市场。

● 分群分析：分门别类贴标签

进入顾客管理系统后，在分析阶段，数据会转换为一个个营销指数，进而可以做"一对一"的精准营销。

举例而言，一个出生于1980年、曾购买舞台剧、浏览张雨生音乐会售票网页、近半年花8 000元左右看了三次演出，每次都买两张票的上班族女性；打开关键词有"歌舞剧"的电子邮件的概率特别高，甚至会转发给一大群朋友……以上这些资料，经过搜集与转换，就像密密麻麻的标签，包括"20世纪80年代""舞台剧""流行音乐""双人票""推荐者"等等，贴在消费者身上。

● 拟定策略：调整再进化

有了顾客DNA之后，便能清楚了解需求，在实际操作上，能深度经营顾客关系，甚至找到扩散口碑的机会。

例如上述案例中，若有歌舞剧相关、题材适合女性、票价1 000元左右的表演，营销人员就会把适合产品的相关信息，精准寄到这个消费者的信箱中；针对不同产品寄送推荐信息，同时也不断通过满意度调查、确认信函等方式，掌握顾客各方面的行为与偏好。

除了顾客分群之外，营销人员也在不同时间阶段观察成长率、前后期对照，确认整体经营策略与方向是否正确；若效果不佳，又该用什么策略应对。反复检讨，也随时调整。

小众永远是小众？
向上、交叉营销扩大利基

在我们将大数据引入文艺单位后，经营策略上，便能一改难以追踪、撒网式的大众媒体广告投放，以及无差别发送电子邮件营销信息，针对不同客户群进行更精准的广告投放与营销策略，文艺单位邮件打开率和购买量都大幅度增长。

顾客DNA不光能解决小众市场短期及一次性销售的困境，还有一个更大的价值，大数据能协助文化产品做出"从看热闹到看门道"的多层次市场，通过顾客图谱的分群分析，展开"向上营销"与"交叉营销"。

什么是"向上营销"？一是通过持续性购买，增加单次购买金额，吸引会员采购客单价更高的产品；二是吸引有能力购买较高票价的消费者成为新顾客。

以"向上营销"为例，即使是同一场表演，座位也有前后排之分，除了依据票价不同推荐给不同层次的顾客，消费者也可能从 600 元、800 元的票，随经济实力渐长买票价较高的座位。通过观察指标，就能发现成长，并且适时推荐给消费者票价合适的座位，吸引观众享受更高的观赏质量。

什么又是"交叉营销"？一是指表演类型的交叉，例如因为看芭蕾舞剧开始欣赏交响乐；二是在网络上看免费表演的网友，其实也是交叉营销的潜在顾客，可以做各类型表演的交叉营销。

例如顾客 DNA 显示，买芭蕾舞剧票的观众，买交响乐票的比例最高，根据这个判断可以推出两剧捆绑销售的优惠套票，这就是交叉营销。大数据可以清楚地分析出顾客对表演类型交叉的偏好与兴趣，将更多元的表演类型推荐给目标顾客。

另外一个是从网络找新顾客。随着免费音乐、移动视频逐渐流行，在网络上观看免费表演的网友，其实也是交叉营销的潜在顾客。只要清楚掌握愿意付钱的范围、喜爱的类型，便有机会吸收其成为会员，投放合适的演出信息，就能让免费视频平台上的人，变成购票进场的有效顾客。

餐饮业如何经营老客
云海肴贴心掌握味蕾觉醒的时机

> 味蕾是有记忆的,老顾客对口味是有感情的,餐饮业竞争不应该只用折扣或是促销的手段来争取顾客回流,更好的做法是通过对会员的经营,传递品牌的特色与价值,让顾客成为营销创新的核心关键。

餐饮业在中国如同雨后春笋一般蓬勃发展,源于中国文化底蕴的地方菜系,不断地刺激着消费者的味蕾,带给消费者惊喜,而随着市场竞争的演变,餐厅经营的形态也从过去的单店经营慢慢趋向于连锁发展,这也让如何共享总部与分店之间的核心营运数据成了关键,如何将数据活用在连锁餐饮的运营管理上,将成为市场竞争的决胜关键。

认清餐桌上的变与不变
把时间与资源用在笼络顾客的心

说到吃,每个人都能滔滔不绝地说上半天,这是我们生活中必要而且不可或缺的一环,一日三餐,餐餐都有跟顾客打交道的机会;但不同于其他产业或是零售品牌,餐饮行业天生要面对的是顾客爱尝鲜而且时不时要换换口味的心态，但虽说顾客的口味时时刻刻在变，然而对于一些具有特色的口味和食材却有着深刻而绵长的记忆，这才是餐饮业竞争的根本。

过去点菜都是靠跑堂的写单，然后在厨房和柜台前边跑来跑去，忙完了再拨着算盘看看今天挣了多少银子；互联网的蓬勃发展，让餐饮业的核心数据更加透明和自动化；过去老餐馆都是靠掌柜记住每一张熟客的脸，每次老顾客上门都能热情地招呼，按着客人喜欢的口味，来几碟怀旧的招牌菜，同时也照着客户尝鲜的口味推荐几碟新菜品，在这个过程中，顾客享受着不同于新客的那种被店家热情招呼的礼遇，他们从进门那一刻起就已经在体验店家的个性化服务。

如果我们认识到客户对于日常用餐口味的变换是一种常态，那么在营销上就该关注客户用餐口味的循环，而非一味地用促销和折扣来吸引回头客；如果我们知道顾客总是喜新厌旧，那就应该积极地研发新的菜品，用创新的口味和菜式来吸引回头客。一个以云南菜为特色的餐厅——云海肴，已经不再靠拍脑袋去猜顾客的心思，而是靠对数据的分析与解读，去满足每一个顾客挑剔的味蕾。

从门店数据到会员数据的共享
实现个性化会员经营与分店管理

对餐饮业来说，一般而言会员营收占比高的分店，单店营收也相对比较稳定，不容易受到外部不景气因素或是新菜系的竞争者的冲击，所以会员的经营将会是个重要课题；过去餐饮POS系统比较专注门店运营和商品销售数据的采集与分析，我们可以从中获得会员消费、会员增量以及哪个菜比较受欢迎等信息，但是对于会员个性化经营来说这只完成了半边的闭环，我们针对另半边的闭环实地演示了第二阶段的大数据应用，也就是通过碎片化的数据来优化解决既有问题的方法，同时也借此机会与餐饮界知名POS品牌餐行健(奥琦玮)的数据产业链合作，携手打造中国餐饮业下一代的数据决策管理的解决方案（详见图3-8　会员个性化经营的两个闭环）。

我们通过采集前端客户数据、埋单数据以及交易数据，让饭店精准地掌握了顾客在这一次消费循环中的消费行为；在店内数据闭环中，通过传统的分析与报表我们已经可以实现对分店的运营管理与物流的优化，但是在这一次交易完成到下次回店消费的闭环中，饭店究竟该掌握那些关键指标来确保顾客经营的成效？

简单来说，我们需要一个精准的沟通时间以及一个诱人的再消费理由。

当顾客意犹未尽地吃喝着埋单，身为餐厅的管理者已经开始期待下一次殷勤接待的机会，但是究竟要等多久才盼得到这个顾客回头消费？一周，半个月还是60天？我们通过功典的NPT消费回购预测模型，用数据演算，细心地了解每个顾客的消费周期，选在每一个单一顾客回购概率最高的时间点，即时通过微信渠道提供最新的活动方案吸引老顾客回流，避免过多的广告信息打扰我们的顾客；但是这样我们就够了吗？

当然不够，我们不但要找对沟通时机，更要抓住这一刻最能解馋的菜品，挑起顾客蠢蠢欲动的食欲。这就要求利用商品推荐模型，不仅在关键的时间沟通，更重要的是针对不同顾客的历史点餐记录，给予个性化的优惠菜品推荐，因为老顾客不只在意菜品优惠的折扣或是赠送菜品的价格高低，还要让顾客有一种被"读懂"的惊喜，就好像"大酥牛肉"是云海肴的招牌名菜，但是如果赠送给不吃牛肉的顾客，虽然顾客感受到品牌积极的态度，但是饭店在"贴心"的感受上却没有做到位，疏忽了这个小细节，就会让看似充满价值的馈赠在这一刻的诱惑力大大地降低了。

"共享了个人数据、让分店的管理也开启了不同的经营视野"，云海肴表示过去的数据主要都集中在对分店的原物料、菜品以及运营成本的监控上，但对于顾客的动态和分群没有确定的观点，即便有些简单的分群，也是采用一个平均数的概估值，没有实现真正的针对顾客的个性化经营。目前市场上很多餐饮业都还把目光聚焦在拉新客的环节上，云海肴却很早就认识到对既有顾客的经营不能偏废，才能在拓展新店的同时积极巩固既有的忠诚客户群，所以通过分享分店顾客以及交易明细数据，现在已经可以落实对于分店顾客的个性化关系经营，除了前面提到的个性化营销沟通外，现在总部也可以根据该分店的客源经营问题给予

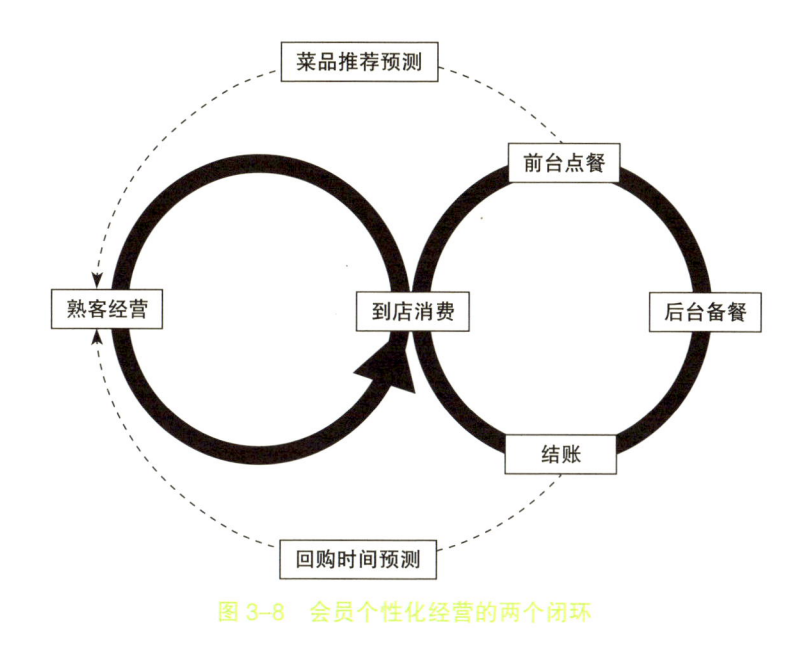

个性化的成本分配与营销任务指派。

图 3-8 会员个性化经营的两个闭环

挥舞着锅铲的大数据实验家
云海肴客户营销的创新与实验精神

时至今日，餐饮业已经不再像过去只需考虑掌勺的火候与调味，以前的实验室都绕着食材和调味料的比例在实验与创新，现在我们通过数据的视角，我们把餐厅经营的实验室从厨房延伸到顾客的餐桌、结账的柜台甚至客户埋单之后的那一张小小的发票。

以往我们对会员消费的认定都是依赖当次消费的发票金额，但是跟一般的零售业不同，消费者往往不是一个人去用餐，但是在结账的时候因为碍于一些积分与制度的局限，所以往往只有其中一位具有会员身份的人代表来埋单，所以消费记录上只会留下这个结账会员的回访记录，我们损失了一次记录与观察同桌其他没有表态的会员的机会。

　　细心的云海肴团队与功典的数据顾问在这类问题上碰撞出许多新创意，因为我们发现同样都是消费了300元的清单，用餐人数是3个人还是6个人，背后可能传递了一个具有差异性的标签意义：不同顾客的价格接受度与消费菜品区间的差异，为此我们设计了一个对照的实验，持续观察通过会员消费桌单与会员平均客单（累计消费金额/累计消费客户数）与原来的NPT标签混合应用，看看是否能够通过差异化推荐，更精准地推送客户喜欢与适合的活动方案；另外我们也开始给不同菜品定义更细致的分群标签，客户在菜单上看到的是冷菜、热菜、汤品等的菜品形态分类，但实际上我们还将会针对菜品的一些营销属性建立不同的识别标签；举例来说，针对每次推出的新菜品，未来在特定时间内，我们除了会记录顾客对新款菜品的消费，同时也会留下一个"新菜"的识别标签，记录这个会员的尝鲜心态，同样地，针对一些故事性食材衍生出来的菜品(像是牛肝菌)，我们就会在后面标注像是"故事性"这样的标签，这些标签记录了每个顾客最适合的沟通方式，未来在营销上我们就能有更多的素材和创意可以运用在对顾客的个性化经营上面。

　　"数据的应用是为了给顾客提供更好的服务与体验"，

在与云海肴团队的每一次互动过程中我们都深深体会了这样的观念，这群本来就是味蕾和餐饮体验的专家一边豪放地挥舞着锅勺，一边细腻地解读着顾客数据，动静之间都是为了实现对每一个顾客从进门点餐、享用佳肴、结账离店到回头寻味的经营细节的准确把握，云海肴对于数据的追求一如他们对于食材、口味乃至于器皿的坚持。

从舌尖上的中国、舌尖上的生意，我们正携手云海肴走向舌尖上的数据，用数据实现餐饮业对客户更贴心而个性化的经营。

PART 4 拿旧地图
怎么找到新行星

18 个大数据新思维

大数据开启新商业模式,顾客不再只是顾客,可以是品牌研发者、顾问,甚至形象代言人;商家也不再被动地等待顾客,而是主动出击,做到零时差、零误差的一对一营销。

因为顾客与商家的角色多变,所以未来的商业世界充满想象。大数据时代新机会很多。就像一场跨越时空的星际航行,企业就是一支星际舰队,首席执行官是舰长、营销人则是队员。

如何一起驶向新行星?雄心勃勃的舰长需要优秀的队员;才华洋溢的队员,也不能少了有洞见的舰长领航,两者需要彼此协调、密切合作,前提就是对大数据的认知有一致共识。

大数据的应用并不难,但观点决定胜负。PART 4提出18个大数据营销新思维,打破迷思,不再雾里看花,直接问出核心问题:大数据要解决什么问题?营销是B2C还是C2B?

还有执行上的迷思:大数据时代人机如何分工?数据

库需不需要自己买？不靠经验靠数据真的可行吗？大数据营销要怎么样的专业人才？做大数据营销会不会花很多钱？

  以上这些问题，将在本章得到解答。首席执行官和营销人们，请升级装备、换脑思考，想抵达新行星，先从找对方位，飞行在对的轨道上开始。

你能带公司跳上火箭吗？
领导者必须改变的 9 件事

> 大数据很花钱？数据营销交给信息技术人员去做？靠经验就做得不错了，为何要改？如果你想带公司跳上火箭，这些观念不可不知。

读到这里，我希望你已经知道数据将会带来多大的革命性变化，作为一个企业或是品牌的领导人，除了能为企业带来远见，更重要的是要怎么带着团队迎接这个大趋势。

我必须坦白地告诉所有领导者，大数据对企业的冲击和改变是全面而深远的，但是大数据同时也带来品牌竞争力的提升，这一切绝对让你从中获利。

很多人也确实意识到这样的改变，想要跟上大数据浪潮，他们花了很高的价钱购买昂贵的系统，到处寻求所谓的高阶算法，最终却没能找到数据应用的价值，或是应用价值与投入成本不符合效益比，然后在大数据探险的路上铩羽而归。

问题的关键是什么？如果你是老板，当你预见数据的未来，记住，先别急着动手，先坐下来好好思考一下我们的目的地，我们期待通过数据带来怎样的改变，我们要利用数据把团队和顾客服务提升到什么位置，然后盘点一下自己手上握有的资源和筹码，而这一连串的问题，都必须站在俯瞰全局的高度去思考。

面对大数据领导者必须学会谨思而敏行，必须担负起找出核心问题的责任，然后对数据的应用抱合理的期待。我一路走来，也不是没有误闯过崎岖小径，虽然弄了一身的伤却也学习到了宝贵的经验，加上自己长期顾问经验的观察，整理了一些心得和大家分享，希望可以让大家少走些冤枉路，早日看到大数据背后的美丽风景。

1. 确立目的

用大数据作为营销的依据时，你想要达到什么目的？或是说你打算解决什么问题？这个问题看似简单，真要认真回答起来，可能并不像想象中的容易。

我常常遇到一些企业的老板想做大数据，然后问我建议选用什么样的系统设备以及要分析哪些报表之类的问题。这些问题已经见怪不怪，但是我通常都会先好奇地问，你想用大数据来改善现在运营还是管理上遇到的什么问题？运气好一点我可能会得到的回答会是：我想改善第一、第二、第三、第四……洋洋洒洒地列了十几项。没错，老板们都"想"用大数据改善公司很多问题，但首先，作为管理者必须要先剥丝抽茧，梳理出真正核心的问题，然后，就是要针对一连串待解决的问题排出轻重缓急，因为营运管理问题往往盘根错节，所以很难一次全部改善，更别说预算和人力也要能配合一次到位。因此一定要列出排序及重要性，先做前三项；做到了，再做后三项。一定要专注，不要贪心地想要一下子全都完成。

最后，目的必须要明确，它绝不能只是一个议题。所谓"明确"，就是要有稳定而且可被衡量的指标。

比方说过去每个月要投入四个人、一周的时间来执行每月固定的沉睡顾客唤醒活动，而且唤醒率是 0.1%；如果你可以很清楚地定义目标是要解决人力浪费和效果不佳的问题，那现在有一个解决方案，可以让你只用一个人、半天的时间就能完成同样的工作，而且唤醒率可以提升到 1%，然后你再评估唤醒率从 0.1% 提升到 1% 后，对营收和顾客经营带来的贡献，就可以很轻松地判断这个方案的成效与价值。

我知道作为一个领导者"想"要做的事情太多了，就是因为多所以才更要懂得进退和取舍，领导者们，"进取"很容易，但是从这一刻起开始练习"退舍"吧。

2. 改变行为

以前根据经验想策略，现在则是要用数据做判断。企业普遍面临的问题，老板及领导者大多较为资深或年长，过去他们凭经验做经营管理，在当时的商业环境下，可以运作得不错。但现在的环境不一样了，有很多工具可用，特别是大数据越来越普及，过去要花 30 年的经验理解，现在也许只要用一年的大数据就可以得出一样的结论。因此我们要改变过去依赖经验的时代，改用大数据来帮你了解客户，了解市场。

当然，要老板和领导者们马上从以往的经验决策改为数据决策并不是件容易的事情，我建议不妨先从推动营销活动时，练习对照实验开始，方案 A 维持原本的经验逻辑，方案 B 则是采用数据计算的结果，这样一来你就可以很清楚地看到不同效果，并从中观察数据决策的优点及好处。

3. 要找到懂统计语言的营销人才，大胆授权

要推动数据营销这件事，绝不是光靠老板或是领导者自己就可以成功的，其中涉及很多专业的分工，甚至是一个公司层面的全员运动。

大数据营销需要新形态的专业人才，特别是同时懂统计语言和营销语言的通才，因为在过去很长一段时间里，不论是学界还是企业界都没有特别去培养这个领域的人才，所以，这样的人才稀有而且值钱。

如果你很幸运地找到了这样的人，恭喜你，但接下来更重要的是把人才放对位置并充分授权，让他有空间和资源去尝试新的做事方法，给他权限去接触那些过去被严格管制却没有运用的数据，用开放的态度去听听他的建议、批评，还有可能提出的一些天马行空的创意，大数据营销本来就是要颠覆我们的思路，那就留一片天空让"天马"痛快地飞。

我和台湾黛安芬有合作，他们的董事总经理康翔泰就

是很棒的领导者，也许是因为受过西方教育，跟他沟通时，他总是很快就能掌握数据的关键，然后快速地决策。

我必须说，"强将手下无弱兵"这句话用在黛安芬真的是再适合不过了，他的团队很习惯在会议中看着数据与他辩论一些事情，很自由地表达不同的意见和见解。这很棒，因为真理是越辩越明的，也代表他的核心团队认真思考过这件事，是有想法的，会向老板表达不同的意见，这就是授权，也是让部属放手去尝试的创新的原动力。

4. 成立项目小组

大数据营销的构想，应该交给谁去执行呢？这个重要问题的答案既不是营销，也不是IT，而应该另有其（奇）人。

因为如果交给信息技术人员，很有可能会让案子从系统采购开始评估。但如果交给营销主导，在不知道公司数据结构和数据规范下，极有可能会浪费时间，做出一些不切实际的方案，这两者都很容易让数据营销项目悬在空中，不能落地。

所以真正好的做法是授权一个懂数据的营销人才，让他组织一个项目小组，协调各个内部单位去执行此项目。或是找一位特别助理（当然，这位特别助理要有专业知识，熟悉组织沟通，有执行力），把这项目交给他去做，然后直接向领导者报告。这样在推动的过程中，如果遇到任何的阻碍或是无法决策的事情，领导者才能够在第一时间掌握状况，并给予必要的协助。

项目小组成员在精不在多,组队的关键,首先,小组必须充分了解数据营销的目的与精神;其次,要能够有效率地横向沟通,在刚开始推动的时候,项目小组可先做小型测试,因为执行过程一定会不断地修正与调整,但没关系,因为规模小,比较容易看出问题和修正,让项目小组在做中学、学中做。等到测试成功以后,再逐步扩大规模,这个时候,慢慢地就可以就放手去做了。

5. 精益管理

一旦确定了目的,找到了人才,订出了方案,接下来就是要精益地去执行。

以湖南卫视为例,我一跟他们提数据营销一事,他们马上决定做对照实验,也就是用他们现有的方法跟我们提供的策略来做对比实验,看哪一个效果好。结果马上就有答案,数据证明,我们的方法的效率是他们现在使用的方法的4倍。

花了几万人民币,用不到两周的时间做一个对照实验,很快地找到了一个更新、更有效的执行方法,然后领导者很快地就可以根据测试结果,做出进一步的投资决策。这样快速、有效率地执行,就是精益。

湖南卫视可说是完全体现了"精益"。从头检视到尾,它有目标,有人才,也有量化指标,行为也改变了,结果就是4倍的差距。

数字说明了一切。

6. 从 B2C 到 C2B

与顾客开会时，我们常常看到顾客在会议中，仍然以代理商或渠道的意见为主，甚至是以公司的意见为意见，只有 10%~20% 在讨论消费者的心声。为什么？因为顾客关系管理很贵也不好做，所以消费者的意见很少被发现。

但数据营销时代，不再是 B2C 了，而是要 C2B。企业要开始学习倾听客户的意见，这样才知道产品要改善什么，产品好不好用，产品有没有市场。过去是企业想开发什么样的产品，就自己想自己做，做完了再扔到市场去给消费者选。现在是用大数据，完全可以做到不必再猜测市场要什么，消费者要什么。

甚至可以精准做到每个顾客都可以一对一量身定做，而且有需求才有产有销，可以解决库存问题。

数据营销时代，C2B 才是创新领先者，B2C 一辈子只是追随者。

7. 数据营销可以量化

做数据营销要可以量化，可以计算出来。比如说，我们要投入多少人？花多少时间？需要多少预算？可以改善多少？这些都是可以定出量化指标，可以被计算的。

而这些必须建立在你所设定的理想基准上，每投入一个人，每花一个小时的工时，都必须回头去评估是否比理想基准好一点。

如果看到改善成果，就继续做下去。然后，再试着投入多一倍的经费及人力，观察成效是否也是呈现一倍的稳定成长。假使成效远低于理想，就必须调整步伐或直接喊停。这一切都要是可以衡量的，而不是只凭感觉。

如果公司制定出了一个数据营销的策略是要广告精准投放率增加20%。那么，可通过精算，用大数据告诉我们投放在哪些媒体及用哪些广告，能产生更精准有效的营销回馈。

8. 耐心等待数据发酵

我常常跟朋友说，大数据营销要谨思敏行，很多老板都笑着问我说："Tony，你究竟希望我走快一点还是慢一点？"

为什么要说谨思，因为在大数据营销的基础阶段，千万别跟着热潮人云亦云，一头就扎进了设备投资或是推荐模型、预测模型之类的噱头里，要酿出好的红酒，空有昂贵的酿酒设备却没有栽种好品种的葡萄，是没有用的。所以要想让大数据营销对决策优化做出贡献，首先就必须确保数据的源头，能稳定地提供具有价值而且质量好的数据原料。

因此，如果过去没有任何的数据基础，大数据项目启动的初期首先要做的是系统地搜集并整理手边的数据，这是必经的过程。

随着数据量稳定增长和数据的字段越来越完整，你就可以利用数据开始一些小规模的测试，通过测试结果，一方面检视数据成熟度，另一方面观察并修正算法的效果，然后团队也可以开始借着测试过程，练习用大数据思考，简单说，这是一个数据源、团队以及算法同步成熟的过程，这个成熟的阶段不能躁进，所以不管是在团队还是成果的检验上，都建议要设定"合理"的期待。

我看过很多失败的例子，很多人都是看到同行纷纷投入，情急之下跟进，希望今天开始搜集数据，明天就能看到成果，但结果往往令人大失所望，整个计划最后草草收尾告终。

所以，如果下次再听到我说谨思敏行，别再用狐疑的眼神看着我。

我的回答永远会是："当你还在练习走的时候，先求稳；当你确定走稳了，认清楚目标了，我保证你会是那个最快到达目的地的人！"

9. 自建还是购买专业数据库

所谓的自建，就是自己打造一个大数据的硬件架构，自己经营大数据中心。购买就是购买已建置完成的数据专业系统，就如同你通常会直接购买ERP（企业资源计划）系统，而非花大把时间自己建构。

很多人会用硬件思维去想大数据，一听到大数据就会想到叫IT人员去采购机器设备，增加人力，投入庞大的预算打造一个大数据中心，但这个年代的消费者是不等人的，当你用了3年时间，花了3 000万元的预算，还没有找到具体的数据应用方向，此时你的竞争对手恐怕早已遥遥领先，更别提你可能失去掌握消费者的风险。

我通常都会建议领导者们，先采用专业的解决方案，很快地借助别人成熟的经验，来检视自己的数据架构，并让团队轻松地进入大数据营销的实战环境，等到真的上了轨道也做出具体的成效，再根据公司的长期发展，去评估未来是否需要投资打造自己专属的大数据中心。

最后，提醒领导者们，一定要先有自知之明，如果你自我感觉良好，那说再多也没有用。

因为没有自知之明，就不会有动机，也更不会有所行动。所以，花点时间问问自己，我的公司真的很好了吗？我的公司在未来大数据的竞争里有什么优势？有自知之明，很多事自然会有更好的明天！

今天的营销战，7天前就预知
营销人必须改变的 9 件事

> 营销人请拿回决策主导权，把大数据变厚数据，用数据分析帮你找到顾客，你的本事在于吸引顾客购买。

大数据高速运算海量数据，不到一秒就搞定人们一个月的工作量，而且 24 小时不打烊，更能做到零失误。面对这么强大的对手，人如何跟机器竞争？

当计算机变成绝不出错的超级员工，机器都能把事做好，营销人员的地位是否岌岌可危？或许你该反向思考，科技来自人性，让机器把机器该做的事做完，营销人员就可以发挥"人"的价值，把大数据变成经过人类学家解读过的厚数据，让数字真正为人所用。

如果大数据是科学，厚数据就是人类学，科学本质在实验验证，帮助营销人做出逻辑判断。但人性千变万化，光凭理性硬科学，无法真正透析人心，还是必须回到现实中对人性的观察与认识，综合考虑做出决策。

大数据，只能帮你判断顾客在哪；厚

数据加入人为诠释，才能让顾客购物。大数据无法解释人们何时因为冲动购物、何时因为感动购物，但却可以追踪、记录人的消费行为与轨迹。此时，营销人只要利用这些数字，再加上自己的观察理解分析，就能诠释数字在现实情况下代表的意义。

所以，大数据时代的营销人，请从数据堆中抬起头，别再埋头做报表，发挥人类学家精神，看到数据，去思考"为什么"和"怎么样"，想清楚问题背后的问题，才能判断最好的时机，做到精准营销。

别再担心营销人没有未来，大数据时代其实机会更多，舞台更大，只要你能突破以下 9 个盲点，把单调的事务工作交给机器，拿回做决策的主导权，实现营销人的真正价值。

Q：大数据把事做完了，还需要营销人干什么？
A：不要跟机器抢工作，营销人的价值是决策

点开人力资源网站，资深营销企划的职务内容通常是：制订品牌年度计划、提供公司决策等，工作内容写得冠冕堂皇，实际上大部分的营销人都在做杂事。

但是有了大数据帮手，搜集、整理、分析数据都交给计算机，营销人就能彻底实现价值——把时间花在思考决策上，而非执行交办事务上。

以往面对每日繁杂的工作，营销人只来得及把事做完；

现在大数据都存在云端，按按键盘就得到结果。营销人省下大量时间，该做的是把精力花在判断哪些事交给机器做，哪些事给人做。先知道做这些事情的意义和价值是什么，让机器把事做完，人的目标是把事做好、做对、做优。

这就是训练与学习的差别。训练是把事情做快，通过反复训练提升效率；但学习却是把事情做好做优，形成学习曲线达到内化，再通过内化不断转化，这种从源头去思考的学习，会延展出更多创新的可能性。

以往营销人花 3 小时做一张报表，即使做到熟练，顶多变成花 1 小时就完成；但现在，做报表之前应该先问：为什么要做？想得到什么？从需求往回推，问出问题背后的问题，才知道如何设定条件运用大数据，经过这个头脑风暴过程，营销人有所学习，才能不断成长。

把训练交给机器，学习交给人。一个真正的营销人，应该去做决策、建议、咨询、价值判断、风险分析管理等，这也是大数据带给营销人的一份礼物：实现人机分工，还原营销人真正的价值。

Q：相信大数据科学，靠这些数据就没错？
A：好的营销是感性加理性的"厚数据"

心理学中有个从众理论，如果 97% 的人都会从众，那么研究的究竟是 97% 的人的从众行为，还是 3% 的不从众行为？

商人想知道什么商品会热卖,看统计数字就可以知道答案为什么还需要走进卖场,观察人的购买行为?这就是为什么大卖场里需要人类学家。

想知道97%的人为何从众,做量化统计,可以总结出答案;但3%的例外人口,却需要靠质化研究深入分析。

人是无法单凭科学预测的生物。所以,好的营销,是哲学和科学的完美结合。近来大家都知道强调大数据背后,必须有更深入探索意义的厚数据。就像人的左右脑,太依赖左脑理性,只有冷冰冰数据无法感动人;太依靠右脑感性,创意万千,有时候又无法说服人。最好的办法是全脑思考,让创意有感染力,并通过逻辑的方式让它更有效地去触动人。

以电子商务为例,100人点进商品页面,有10%转换率,那你该问的是那10个买家?还是90个不买的人?从不买的人之中,又可以获得怎么样的信息?

全脑思考要加上一些好奇心和想象力,针对前面提到的电子商务的例子,我们当然可以从购物的10%的人里面,去累积与观察从新顾客到主力顾客的过程,然后一方面去调整用户接口或是商品组合,通过对照实验来观察转换率是否有效提升。

毕竟如果机器帮我们省下了大把的时间,偶尔挑战一心二用也不为过吧!

Q：在数据茫茫大海中，怎么判断哪些是需要的？
A：要有跨界能力，找出最有用的金矿

大数据永远用不完，新技术和新工具的革新，背后又是海量的数据，营销人难免有种金矿在前，却不知道如何下手的茫然。

以前的营销工作很简单，只要做活动留会员数据，如姓名、手机、电子邮箱，锁定这些人就好。现在却出现教育数据ERP、POS系统的交易数据、社群数据（Social Data），数据量不断增加，到底要分析哪些数据才有参考价值？

在不断做加法的过程中，营销人必须学会做减法。减法不是因为不懂，舍弃不用，而是靠知识及认知做判断，决定哪些该用或不用。两者差异在于营销人跨界学习的能力。

就像前例中，营销人如果只从ERP、社群数据、POS数据等营销工具里做判断，就会被困在营销的框架中，无法确定哪些数据才是需要的。反之，营销人如果有其他的知识背景，像心理学、信息工程、社会学、人际关系，甚至星座性格等，就有更多的信息去除决策的盲点和阴影。营销人必须在这些更多的可能之中，学习新知识、新工具，排列组合出最佳搭配方案。

大数据时代，千万别被技术和流行话题牵着走，重点是此刻你想解决的问题是什么。就像规划旅游，应该都是先讨论要去哪里玩，而不是先决定要坐公交车、火车还是飞机，然后才讨论目的地。

Q：面对海量大数据，就算懂得分辨所需数据，还是不知道怎样诠释怎么办？
A：练习挖掘核心问题，才能做对决策

为什么爱迪生可以发明灯泡？为什么阿基米德能发现浮力的计算方法？不是因为他们多聪明，而是他们有将问题研究到底的执行与实践能力。

当一个科学家有了一个疑问后，他会开始思考为什么，想完之后会动手实验，实验之后如果觉得结果不对，会去找出原因并修正之。如此不断重复，一个天马行空的问题就会开始收敛，直到背后真正的原因浮现。

科学家探索答案的精神，也就是营销人在大数据时代应该具备的能力：保持好奇心，直到找出问题背后的问题。科学之中有实验组和对照组，这也可以用来作为营销人训练的方法，从设定问题、设计实验、控制变量到验证假设。挖掘核心问题的能力，是大数据时代的标配。

但是仅凭着好奇心就足够了吗？大数据发挥功能，提供企业营销决策有用建议，靠的不是高深算法或多复杂的系统，而营销人应该对于自己所负责的市场和商品有深入的了解，这部分必须靠日积月累的实务经验与学习，因为有了深厚的商业经验当后盾，看数据、找观点才会有感觉。

当我们口口声声说数据可以协助企业做出更好的决策，作为一个营销人，要回归到商业本质，没有对自己商业产品的厚知识，再多大数据摆在眼前，还是看不出隐藏其中钻石的光芒。

Q：大数据数字无限，营销资源却有限，该如何运用才能发挥最大效率？
A：设定优先级，降维思考

营销人除了当个好的决策者，另一个重要的身份是掌控者。不但要定义问题、设定处理问题的先后顺序，更要进一步分配有限的营销资源，让企业所面临的营销挑战与问题能够有条不紊地被逐一解决。

开展大数据营销，人也需要降维思考。降维是把浩繁的数据抽丝剥茧，降到人们足以理解及应用的程度。营销人的"降维"，则是以层次性思考梳理资源，再做最佳分配。举例来说，公司资源就是你的预算和可用人力，你个人的资源就是你的时间与体力等，一层层把它梳理清楚，把对的时间，对的资源，对的钱用对地方。

比方你有 1 000 个会员，如何维系会员关系？绝不是花 1 000 小时——打电话、发短信、发电子邮件。而是先了解这 1 000 人的状态与购买频率，以标签定义他们的状态。假使你发现，1 000 人里面有 500 人很活跃，可以暂时不管。

重点要维系的反而是不活跃的 500 人，如果其中有 200 人刚进入 S1（瞌睡阶段），通过机器马上找出，发现其实 200 人之中只有 100 人真正需要再去联系。而另外 300 人即将进入 S2（半睡阶段），此时，营销人再从中挑出贡献度高的 50 名顾客，立即进行唤醒营销。第一时间就能有层次地把沟通对象从 1 000 人大幅降低为 150 人，节省了 85% 的工作时间。

人机分工最重要的就是找到解决问题的机制，哪些是机器该建立的预警系统，哪些又是营销人应该进行的唤醒方案，控制时间、成本、预算，精准解决问题，这才是大数据时代营销人最需要培养的能力。

Q：大数据带来新工具、新应用，反而让工作永无止境？
A：掌握核心能力，认清专业分工的必然与必要

大数据的运用就像练武，掌握基本要领后，招式千变万化。进取心强的营销人，在大数据时代反而得到很大的发挥舞台，但个人能力有限的情况下，该怎么实现庞大的营销计划？

首先认清自己或企业在处理营销环节上专长的部分，接下来就是重新认识"分工"的概念；在谈分工之前我们必须要理解，大数据营销不仅是营销人必须花更多时间理解数据背后的意义，另一方面，学习数据过程中，势必要

通过一次次的对照实验或是活动设计，验证观察与假设，而且都必须极有效率地完成。

这时候，我们不应该把宝贵的时间浪费在一些执行的细节上，适度的分工，会让我们更专注于大数据的关键之处。

举个例子：早期的数字代理商只要有IT工程师、创意、网页设计人才就可以；后来出现动画，开始流行拍影片，所以比较大的网络公司编制内甚至有动画和制片。接着社交网站开始流行了，公司又要招聘社交操作人员，然后随着App的风潮兴起，很多公司也开始设置专门的部门来顺应市场顾客的需求。但是回归到数字代理商的核心竞争优势，如果数字营销策略才是数字代理商的核心优势，那前面提到的拍影片、社交操作或是App开发，都应该结合专业团队进行整合与分工。

同样的问题回到营销操作，仅一个企业或是营销人很难承载所有营销执行的工作。如果不能取舍，反而是一件很危险的事情。所谓"样样通，样样松"，在大数据营销时代会变成营销人的致命缺陷。

聪明的营销人懂得巩固自己的核心竞争价值，聪明的做法是善用不同专业团队的核心能力，通过分工来加速数据学习的时间。

相信我，如果想做出好吃的烤布丁，你不必只为了那半杯的鲜奶养一头乳牛！

Q：如何让组织愿意转换思路？
A：锁定一支全垒打，不如连续安打

在棒球比赛中，全垒打是 1 分，四支安打上垒也是 1 分，但即使球员实力很强，打出全垒打的概率还是远比安打低。这样的话，在比赛时，你该选择以一支全垒打为目标，还是一支支安打步步为营？

营销战也像棒球比赛，赢得比赛才是最终目的。毕其功于一役很难，所以要从一开始取得局部优势。许多大数据营销计划常常无疾而终，就是因为想要一次到位，结果反而失败。一次到位，牵扯的太多，涵盖的范围太大，推动数据整合需要说服的人和部门太多，时间增加，沟通成本提高，反而难以成事。

为了安打，我们可以从几个角度来挥棒，首先是从组织角度，尽管我们都知道，要建立以消费者为中心的数据主文件，但现实是这些数据有时候分别由不同的部门搜集与管理，当我们想要一呼百应，让组织瞬间转型成为大数据思维的团队，这个要求的确有点不切实际。

比较好的做法是先厘清阶段性目标，然后锁定特定的数据进行整合，这样有助于提高组织内部横向沟通的效率；其次是从任务角度来看，练习减法的思考，不要一开始就把任务设定得太复杂，可以先从单一部门或是一个营销活动来练习，取得局部的成功经验后，再慢慢地把经验扩大并复制到公司的其他部门。

所以我们建议，营销人先从打安打开始练习，打得准、打得好，用安打去换得分，就能得到与全垒打一样多的分数。熟能生巧，找出挥棒节奏后，打全垒打是迟早的事。

Q：大数据营销的关键是什么？
A：动手做、连续做，不要害怕失败

大数据时代的营销人是创造者，不是追随者。不是忙着追业绩向后看，而是当个策略家，比别人早一步掌握时机。

大数据让世界变化越来越快，时间就是最大的敌人。新科技、新观点、新对手不断浮现，今天你学会使用数据，明天对手也会了；上午你成功操作一个营销活动，下午对手马上跟进，效果还你做得更好。竞争以秒计算，策略可能一日翻盘，战场短兵相接，切记，没有永远的赢家！

怎么在大数据时代保持竞争优势？

动手做。没错，就是这么简单，不要被困在会议室和一张张的报表里，大胆地做出你的假设，然后练习快速地制订执行计划，但不是那种泛泛的执行方案，你要用自己熟悉的一些工具和系统，有层次地设计活动流程，里面有明确的KPI、实验组和对照组的观察、实时监控和回馈修正计划。

以上说的那一连串的工作既复杂也不轻松，但却是大数据营销时代一个营销人最重要的经验和能力来源。

然后永远要记得，在数据的实验室里，成功和失败一样有价值。对失败的学习，让你更接近成功，但是这一切如果都没有付诸行动，再多的数据也帮不上忙。

Q：想导入大数据，要先找IT部门还是营销部门？
A：不管找谁，决策层是否有决心推动数据营销是关键

Avanade（埃维诺）曾经对多家企业进行了"无边界IT"调查研究，并在2014年底发表了一份研究报告指出，37%的技术支出由IT以外的部门控制，营销部门就是其中之一。报告已经预见了技术和营销两大部门开始实现左脑和右脑的密切合作，所以已经有一些报道甚至创造了一个新的职务：首席营销技术官（CIMO），象征着CIO（首席信息官）和CMO（首席营销官）的大合体已经逐渐成形。

其实重点并不在于要找IT部门还是营销部门，真正的关键在于决策高层是否有决心推动数据化营销，然后组织与部门之间能够达成共识，并且设定明确而一致的推动目标。

另一方面，虽然我们常常说隔行如隔山，但是在大数据营销的未来，营销人和技术人必须意识到要开始熟悉彼此的语言和思考方式，唯有站在对方的立场去看事情，我们才能够更真实地体会到沟通盲点。

大数据营销推动的是一个全面参与和优化的过程，换位思考、跨界学习和沟通是营销人这一刻面临的关键知识，就像学习语言一样，没有速成班，你能事先准备的只有开放的态度和永葆探索新知的好奇心。

PART 5 我与车品觉
的邂逅

全民大数据

大数据不只改变产销模式,也正在颠覆各行业既有游戏规则,从零售、金融、房地产、医疗、娱乐到农业……大数据潮流,你跟上了吗?

看着信箱里面躺着的这10篇跨产业的大数据趋势文章，和一段轻描淡写的授权说明，我心里那一刻真的有说不出的感动和感激。车品觉，认识他的人都会尊敬地称呼他为车老师，在中国大数据的历史中，已然奠定了他教父级的地位。这样一个在大数据领域的大师，每天念兹在兹的，都是怎么帮助每一个想要进入大数据应用领域的人，走得更快、走得更稳，然后让数据恰如其分地展现它充满价值的一面。

　　2014年，我在斯坦福大学的一位教授引见下认识了车老师，几次交流过后，我们发现彼此有很多共通之处；我们都热爱数据，相信数据可以帮助开发更好的软件，然后让营销人专注于最擅长的决策，把一些执行的细节交给系统去自动化执行，最可贵的是我们两个在"利他无我"这个观点上不但契合,而且我们都坚定不移地在工作和生活中实践着。

之后我和车老师偶有联系,每次都是针对一个产业趋势或是大数据应用的落地观点直接辩证,时间很短,但每次总是让我收获满满。这次车老师为了我的新书,慨然提供了10篇最前沿,且最精辟的产业大数据应用趋势剖析,这些产业大数据观点涵盖了零售、金融、保险、证券、房地产、医疗、人力资源、影视、游戏以及传统农业。

车老师在文章中这么描述自己:"从小到大,我有一个怪癖,喜欢利用一切工具来预知未来,所以爱上数据。我的生活可说无数据不欢,一看见数据就会联想各种可能性,若把我形容为"数据极客(geek)"也不为过。"

他就是这样一个人,带着大数据的眼镜去看周遭世界,也正因为看透了产业和趋势之间的关联性,他也毫不客气地指出当前传统产业面临的残酷现实:"数据化是传统企业的生死问题,而不是创新问题。"

这10段文章,篇篇节奏清晰明快,而且观点鲜明、一针见血,一口气读完,保证让你大呼过瘾。你不但会看见最新的产业大数据趋势,更重要的是希望大家能在字里行间读出这位大数据教父的高度与气度。

以下是他提供的10篇"全民大数据"的论述,以实际案例说明了大数据到底带来各产业怎么样的变革,通过他的观点,我们可以一窥未来的样貌。

品觉兄,谢了!

大数据颠覆零售业
顾客是谁，人脸辨识一眼就知

> 想要外带热腾腾的拿铁咖啡，还是来杯沁心凉的摩卡冰沙？你就是顾客肚子里的蛔虫，不用等顾客开口，看一眼他的脸就知道他在想什么。

我跟很多香港人一样，对自己的身份感比较模糊，出生于香港，成长于英国，求学于欧美，移民于澳洲，工作在内地，现任阿里巴巴集团副总裁。我不爱传统教育，喜欢自娱自乐，一般以产品人自称。

从小到大，我有一个怪癖，喜欢用一切工具希望预知未来，所以爱上数据。我的生活可说无数据不欢，一看见数据就会联想各种可能性，若把我形容为"数据极客（geek）"也不为过。所以，我很想与大家分享我所看见的大数据，希望把看似复杂的大数据变成轻松的话题。

工作以外，我相信人生需要自利利他才会快乐，所以组织了一个桑珠助学项目，希望为改善藏区儿童教育贡献微薄力量。

人脸识别提升服务

做我们数据科学这一行，必须对世上新科技有很强的想象，才能把数据的世界与现实的世界关联起来。举个例子，中国一家智能硬件公司告诉我，他们已经具备比海关更精准的人脸识别技术，能在客户一进门的时候，就进行人脸识别，从而知道他到底是熟客还是新客。听到这里，我联想到在美国出差时，去了一家卖保健品的零售店，售货员居然跟我说："我能留一下你的电话吗？如果你给我电话号码，我就给你打个9折。"我跟她说我是国外来的，要了我的电话也没有用。店员说："无所谓，只要你给我电话号码，我就给你折扣。"

这两件事看起来好像没什么联系，但恰好说明了零售业的痛苦。现在每天这么多人进出零售店，你的店员只认识小部分熟客，而你对大多数顾客的识别都是空白的。现在这种识别人脸新技术，就可让我们更准确地知道，这个顾客到底是谁，这对零售业是相当重要的。

试想，如果人脸识别成功的话，客户一走进店，我就知道这个人上次看了什么没买，最后买了什么。通过这些历史数据，我就可以知道他喜欢什么、他想要什么价位的东西。

凭行为数据找差异

有了这些判断之后，店员就不用再像以前，每次都无聊地对顾客说："先生，我能帮你吗？"而是可以直接跟顾客说："最近有几款新的东西我想你可能会喜欢，你要不要看看？"这会大大影响到今天门店服务顾客的方式。

若再向前一步，我们能不能凭顾客今天到你店里的行为，发现顾客今天的行为和历史行为的差异，来判断我们到底如何更好地服务于顾客呢？这往往是具备数据能力的电子商务在做的事情，但未来线下也是非常有可能的。我们可想象一个奇妙的画面：你是一个每天上班前都需要一杯咖啡的人，有一天你拿着手机，发送信息告诉星巴克，你正走向他们的店。而当你一踏进星巴克，他们就已经准备好一杯热腾腾的拿铁咖啡在等你。当然也有可能今天你不想喝拿铁咖啡，想要一杯不一样的饮料，这时星巴克早已知道，并向你推荐其他饮料。这种本领在过去的零售业是很难想象的，但数据若能应用到这个地步，就是零售业梦寐以求的境界了。

因此，跟传统思维不一样的是，每当收集数据或识别数据的新科技出现之时，传统行业也可能因此增添无数的可能。

应用个案：乐购

　　全球第三大零售巨头乐购自 2013 年起，在英国 450 家加油站便利店的广告屏幕上装设 OptimEyes 人脸识别技术，摄像头能自动判断出人的特征，包括头发长短、脸部特征等，从而得知顾客的年龄、性别，判断出最佳的广告投放，顾客结账时，即可在屏幕上看到为其量身打造的广告。

思考

　　如果你身处零售相关产业，请思考大数据将为零售业带来什么样的变革？对你的工作流程与绩效将产生什么样的改变？

1. 你有自信从顾客的眼神、动作与交谈中，就能判断他是哪一类型的人吗？有什么方法，可以让顾客心甘情愿提供他自己的信息给你？
2. 你如何设计店内的商品陈列与营销方案，给不同的顾客推送不同的广告？想想看大数据可以帮你什么忙。
3. 消费者常常用手机购物，我们该如何利用这个趋势，提供他们专属的服务，或是将他们"拉进"店里？
4. 想一想，地点、时间、POS 销售数据等数据之间，可以如何做连接，以提升销售业绩与顾客满意度？

大数据颠覆金融业
我的信用分数，我做决定

> 大到买房买车、申请信用卡，小到签发支票、安装电话，你知道自己的信用分数如何影响你？打开信息黑盒子，大数据帮你"早知道"。

你试过信用卡逾期未还款吗？如果我告诉你逾期未还款三次以上，会影响你日后贷款的利息，你可能就不会轻易忘记还款了。信用分数一直是个黑盒子，人们不知道自己为何会得到这样的评分，得不到适时反馈的结果时我行我素，甚至自暴自弃。每一次我们悔不当初之时，心里总会想：早知道就好了。

其实，眼下大部分的现实反馈都是滞后的：等体检才知道"三高"，等失眠才知道喝太多咖啡，而这时候再弥补和改正可能已经晚了。未来，大数据可以帮助我们"早知道"一点吗？再进一步看，大数据可以帮助我们迅速纠正错误的判断和行为吗？答案必然是肯定的。

现实中已有很好的例子，比如健康手环，实时地收集走路、休息、睡眠、心率等生活活动数据，让我们更好地自律，更健康地生活。根据这些数据的反馈，可以马上采取修正行动。

在此为大家介绍的一家创新金融公司Credit Karma（CK），这是一个打破"信息黑盒子"的真实案例。该公司成立于2007年，业务完全基于信用数据，继而发展到繁多的个人金融服务，目前已有4 000万用户，占美国12%人口，非常可观。在美国信用分数至关重要，大到房屋贷款，小到租房租车，对一个人的信用判断都极其依赖信用分数，几乎所有人对自己的信用分数都非常重视。

CK帮助用户了解信用分数

CK是一个免费的个人信用分数管理平台，把曾经是信用机构和金融机构才能获取的信用数据透明化。在得到用户授权的情况下，该公司从美国三大征信局获取信用评分数据并提供给用户，又在用户的分数发生突变时及时通知。同时，帮助用户理解影响其信用分数的关键因素，例如申请信用卡太多造成负面影响。这家公司还提供信用工具，例如信用分数模拟器，模拟发生某种个人金融行为对信用分数的影响。

在提供个人信用管理服务的基础上，CK基于对个人信用数据的了解，进而发展为个人金融服务平台。该公司相信他们拥有足够的数据来为用户提供金融建议，当用户的信用分数上升时理应获得更低的利率，CK会在第一时间为用户提供最佳的产品推荐，现已包括信用卡、贷款及保险等。

有趣的是，梵文karma可简单翻译为"因果"，这个因果可能是有延迟效应的，佛家叫"业"，可分为"自业"与"共业"，对应到数据收集，便可解释为"个体反馈"与"集体反馈"。信用评价与大环境的经济气候向来息息相关，大数据能给个人带来的就是集体经验的反馈。收集自己的健康数据，可以调节生活习惯，促进健康。若能导入类似人群的健康数据做比较分析，必然会得到更好的健康指导。

我认为，大数据的趋势是运用集体智慧去优化个体的意愿，这种互动是一种新的生活方式。以CK为例，人与大数据之间的互动，将会加速很多传统行业的变革，使之产生翻天覆地的变化。

应用个案：Credit Karma

"Your Credit Scores Should Be Free. And Now They Are."（你的信用分数应该是透明的，现在它实现了。）Credit Karma和美国三大征信局合作，于平台上免费提供个人信用记录查询，详细解释每个分类的分数，提醒用户相关分数的变动，并分析可能的原因；也会根据用户的信用记录，推荐优惠的贷款组合，提供金融产品的建议与选择。

你以为它只是一个记载信用分数的网站吗？当然没有那么简单，Credit Karma目前已经发展成个性化、全面性的财务管理工具，利用数据，渗入使用者的理财生活，减少使用者管理财务的时间。

思考

　　如果你身在金融相关产业，请思考大数据将为金融业带来什么样的变革。对你的工作流程与绩效将产生什么样的改变？

1. 想一想，如何从大数据中找出客户需求，提供定制化服务？这将是你协助公司将情报转为商机的关键。
2. 在金融业的信用评级、交易监测、行为分析、推荐、授信风险管控等各个业务中，大数据可以如何运用？
3. 电子商务涵盖金融业务成趋势，客户不再只使用一家银行的特定产品，而是以多种方式互动，思考一下大数据可以帮你什么忙？
4. 金融业务涵盖范围广，该如何通过大数据分析，以"交叉营销"与"虚实整合"提升销售成功率？

大数据颠覆保险业
保费缴多少，社交网站的内容决定

> 过去保费依性别、年龄、职业而定，现在，保费高低看你在社交网站上分享些什么，以及你的驾驶习惯与上路频率。

最近香港提出未来要做"金融科技"，想做好金融科技，离不开大数据。美国在银行、保险、投资甚至房地产都有不少例子，其中借助大数据获取新客户最为常见，也较容易实现，预测客户的产品及渠道偏好可以令双方关系更紧密。在金融产品中，风险管理与定价相关，可参考以下的创新例子。

如果你是一位20~25岁的男生，驾驶一部跑车，假定你是个安全驾驶者，你会发现你为别人付出了更高的保险费用。因为在你所属的人群中，部分人发生意外的概率很高，所以保险公司也向你收取较高的保费。由于大部分保险公司仍根据一个人群出现意外的平均数，而不是根据你的驾驶行为来收费，他们不知道你每天的驾驶情况，如驾驶习惯及路线等，无法评估你真实的出意外概率。

按驾驶行为定保费

我们留意到,美国有两家保险公司已经悄悄地收集了逾 100 万用户的驾驶数据。他们让驾驶者安装一个 Telematics(车载通信)传感器,实时收集驾驶行为数据,从中得知驾驶者有没有超速、粗暴驾驶等情况。整合了大量数据后,保险公司可以知道一般人的驾驶习惯是怎样的,在不同的路段上,每一个个体与一般人的驾驶习惯比较是怎样的,这样便可更容易知道如何定价保费,相应产品称为 Pay How You Drive(按驾驶行为收费)。

另一家公司采用更进一步的定价方法 Pay As You Drive(PAYD),即在你驾驶时才需付费,对不驾驶的车只收取很少量保费。这种方法更划算,尤其驾驶里程低的用户可节省数百美元保费。简单来说,大多数保险是在你不使用时也必须付费的,而这个例子中,按使用付费其实更合理。

前一个例子说明了在细分用户群及提供服务的不同场景中,可能存在较大成本差异,物联网提供了更多的大数据做精准风险评估,故定价可以不一样;后一个例子则显示,我们可以准确知道顾客何时,甚至如何使用这个服务,由此定价可以更灵活。这两个例子都可以在金融或服务行业里灵活应用。

社交网分享让健康保险降价

不出所料，美国有一家公司把健康保险定价也列入上述讨论范畴中。只要用户愿意分享自己的博客、社交网络等数据，该健康保险公司便可据此定出不同价格给不同的人。但这样可能会弄出一些误会，例如你在脸谱网上贴了一张你假装抽烟的图片，可能就会令你的保费提高。当然，这些相对创新的服务，还有非常多的因素需要更多源头数据来进行精准定义，而非根据偶然的行为，便敏感地提高价格。

物联网的出现，可让我们知道过去很多不知道的事情。例如说某辆汽车是被怎么使用的；空调、冰箱等电器的使用情况怎样；我们每天到底是怎么生活的……这些数据或许会成为我们为每种产品或服务付费的新依据。在不久的将来，物联网将与我们的生活息息相关，也会在我们生活中产生更多创新。

应用个案：Pay As You Drive

Pay As You Drive 是指"按里程付费"。与传统汽车保险的保费计价不同，PAYD 是根据车辆所行驶的里程数进行定价的，行驶里程数越短，车主缴纳的保费也越少。

事实上，许多研究指出，随着行驶里程数增加，交通事故的发生率也会攀升，驾驶里程是影响车祸赔付的关键之一。因此在美国，包括 Progressive（美国前进保险公司）与 Allstate（好事达保险公司）这样的汽车保险巨头，都在推广这样的保费支付方式。

> **思考**
>
> 　　如果你身在保险相关产业，请思考大数据将为保险业带来什么样的变革？对你的工作流程与绩效将产生什么样的改变？
>
> 1. 想一想除了固有的保户基本投保数据，数据分析范围还可以如何扩大？
> 2. 电话营销是保单销售的重要渠道之一，VOC（客户之声）语音分析如何帮助销售，提高保户满意度？
> 3. 如何运用大数据，全面捕捉消费者的需求与偏好，以及提升保户流失率预测的精准度？

大数据颠覆证券业
比别人早1分钟预见股票走势

> 资深分析师、投资顾问都可以靠边站,感性情绪也能量化为理性数据,社交网站+实时新闻+交易数字,走势预测一目了然,短短1分钟见真章。

你若是出色的分析师,会发现业务部门的要求是最好能未卜先知,不仅提出问题,同时还要交出解决方案。这不就是三国时代的诸葛亮吗?但"诸葛亮"也有自己的痛苦,每逢月底当数据已经全部备妥时,分析师往往要花数天才能提出观点。他们要确认这个数据的准确性,同时要具备严谨的逻辑,对商业足够理解,才可在有限的时间里窥一斑而见全豹。

不过,2005年1月发生了一件奇妙的事,让人大开眼界。在谷歌公布上一季度业绩后,几分钟内,一家叫AutoInsight的公司就发表了对该业绩报告的观点,及对谷歌未来股价走势的评估。为何这家公司能在这么短的时间内做出反馈?而且我们发现,它用同类方法已经发表过很多篇没有作者的机器人文章。

集合数据指引后市

我们知道,证券交易及对冲基金成功的关键在于实时判断,通过对大量信息的定量研究,哪怕比别人早1分钟预见股票的走势,都可赚到巨额利润。这种预测随着更多的社交信息如脸谱网、推特、实时新闻及交易数据的整合,变得越来越有看头。实时分析正是运用了大数据的优势,在某一公司的业绩信号出来时,迅速刷新信息、辨识市场预测与业绩报告的差距、追踪实时市场反应,包括专家言论及交易情况,让其更有能力判断市场走向。

在资本市场中,多年前已有人关注股民情绪对市场的影响,这也是大数据在资本市场最早的应用之一。当中关键在于大量参差不齐的社交数据,是否能帮助判断市场?其实,单靠社交网站的数据是不足的,若能结合交易和新闻等历史及实时数据,进行去伪存真的分析,便可立刻做出媲美资深分析师的报告。

HedgeChatter就是这样的一家公司,每天实时扫描大量聊天信息、相关股票的全球交易记录及股票评论员的专业分析,借此估计股票的波动和变化趋势,并直接使用社交数据信号去分析数千支美国股票的实时交易,预测的准确率颇高。

四大角色各有优势

我们若进一步深究这两个例子，可发现计算机、互联网、大数据和专家这四个角色在其中的作用。计算机不但具有对数据和信息的无限记忆能力和高速处理能力，而且不用休息；互联网创造了海量信息，并可瞬间把它们关联起来；大数据的厉害之处在于能把所有东西进行量化，方便人类识别盲点、重新认知事物，并对事物进行全景的理解和分析，更能从众多变量中快速找出核心变量或事情发生的规律；专家则能在信息不全的情况下，利用自己的经验和理解做出正确判断。

了解这四方面的优缺点，才容易做出成功的大数据产品和方案，反之则容易失败。因此，在我看来，自动化分析报告并不会对有经验的分析师产生威胁，一点都不用担心机器会冲击这个行业，反而可以好好利用机器的强项让自己更具威力。

说到这里，我想起一句话：大数据就是学会如何活用别人的数据冗余，坐在金山上吃馒头还是吃鱼翅，就看你的本事了。自动化新闻和股票分析让我们产生了无限遐想，未来，小说、食谱甚至音乐，未尝不可以利用大数据进行创作。

应用个案：HedgeChatter

你都是如何预测一张股票值不值得投资？凭感觉？公司近期消息？专家评估？市场交易数字？如果能同时间将这些信息整合，或许便能更有效地掌握市场行情。HedgeChatter搜集网络上关于金融市场方面的信息，通过股民之间的交流、全球市场的事务数据、新闻信息等，为投资者提供股市的市场情报，整合大量的数据与意见交流，提供金融市场的预测。

思考

如果你身处证券相关产业，请思考大数据将对证券业带来什么样的变革？对你的工作流程与绩效将产生什么样的改变？

1. 现代证券业资本密集、信息密集、智力密集、技术密集，大数据也有大量、多样、快速、准确的特性，两者碰撞后，会产生什么火花？
2. 证券业应用大数据，有人用推特发文追踪公众情绪，有人用谷歌关键词搜索次数预测股票走势，对于证券业＋大数据，你还有什么样的新创意？
3. 除了股票价格、交易记录等数据之外，还有什么金融数据源可以协助你做好工作？
4. 想一想大数据可以怎么帮助你了解客户的需求与期望、增加客户对产品和服务的满意度？

大数据颠覆房地产中介
选房神器，帮你挑好房

> 房屋买卖不再靠中介一间间带着看房，房价信息、贷款搜索大数据透明化，哪一栋房的宜居指数最适合你，动一动手指就能找得到。

香港寸金寸土，对大部分人来说，买房子是一项很大的投资。因我父亲从事土地测量工作，我从小就耳濡目染，明白城市规划的数据对房价的影响。比如，未来小区附近是否会建地铁站或公园，以及学校数量等规划，都会对该区房价产生极大影响。因为对一个地方的评价不仅取决于房子本身的好坏，还包括了对周围空气、公共设施、绿化甚至光照等因素的考虑。

大家是否想过，当你打算购买房子时，这些信息和数据你都能拿到吗？你又知不知道每个因素对房价的影响有多大？如果不懂如何分析，最终你可能会迷失在众多指标中。另外，在找房子的时候，你的参考价格是多少呢？最常见的是比较附近的同类房产价格，但这种粗略的方式，却没有考虑到一些更新的信息，例如政府的房地产政策、社区内垃圾站的搬迁、附近公共设施的配套、小区居民的群体变化等等。

美国有个网站Zillow，利用大数据提供免费房地产估价服务，他们取得美国许多地区MLS（房产中介者共享的买卖数据库）的使用资格，利用交易数据加上房主主动提供的信息，再配合线上线下收集到的小区数据，根据大量数据中的历史及实时交易价格变动，开发了一套系统去估算房产目前的市价。

类似的还有HomeUnion、Redfin等，他们都利用了银行、保险、地产中介、小区规划等数据来估算房产的价格。我记得上次去美国访谈HomeUnion时，印象特别深刻，因其创办人本身就是房地产中介出身，故从特别了解每个地区的中介人那里，搜集一些经验规律来提高房地产估价的准确度。

到目前为止，刚才提到的公司里面，我认为最好的一家所估出来的价格，跟实际价格大概有7%~16%误差。这个结果固然有待改善，特别是在数据比较少的地区，幸运的是，资料化（datafication）还在继续高速发展。美国有个叫Citymaps（城市地图）的App，可让每一个人都制作自己的小区地图，这些地图会显示比如哪里的咖啡好喝、哪里有不错的意大利餐厅、哪里有百货公司、哪里有公园可以散步等等。有了这些信息，我们就可知道每个小区的特色，进而知道这个小区是否是你心仪的风格，最终你是否愿意住在这里，这在多元的社会里尤其重要。

大数据挑楼神器若追溯历史，从根本而言，中国风水也可以说就是一门大数据收集、计算并加以分析的学问。风水虽有迷信色彩，但它讲求观察各种地貌，了解地气走向，实际上就是凭数据研究哪种类型的环境适合人们居住。从这个意义看，未来我们若能在房屋内外安装传感器，可以大面积、精确地收集每天的风力雨水、阳光冷暖、空气净度……久而久之，我们就能在充足数据基础上，描绘出一幅适合不同人群居住的建议地图，而宜居指数也可能成为房地产估值最关键的指数。

从大数据角度看，风水这门学问或许快被颠覆了，而且也不再像想象中那么神秘。我们可以根据这些数据对自己居住的房子和小区有更客观的了解，帮助你投资更适合你而又物有所值的房产。

应用个案：Zillow

Zillow是美国房地产搜寻网站，2006年在西雅图创立。Zillow通过大数据搜集到全美超过110万个房屋相关信息，包含房产中介业者的买卖数据库所提供的出租及出售状况、买卖相关数据、金额，再通过自家研发的房屋价值预测系统Zestimate，分析、估算房产最新市价，并且借此提供使用者房屋买卖、租赁、融资、改造等各种参考信息。

思考

　　如果你身在房地产中介相关产业，请思考大数据将给房地产中介业带来什么样的变革？对你的工作流程与绩效将产生什么样的改变？

1. 传统房地产中介对象多仅限在区位、总价、格局、面积等，如何运用大数据进一步帮客户找出全新购房模式？
2. 房地产中介核心价值不是买卖，而是精准配对。想一想大数据可以怎么帮助你提供专业咨询，与店里、线上的全渠道精准配对给客户？
3. 不动产实价登记、不动产授信统计信息等大数据开放后，提供民众购房的参考依据，这些大数据可以如何结合进你的服务里？
4. 感动来自于更懂顾客，想一想可以如何运用大数据，增加对房屋周围环境的判断，再搭配地图功能，方便顾客找出最适合的房源？

大数据颠覆医疗业
找医生看病，就像订机票

> 排队长、看病慢、费用高？大数据打破看病的3大痛点，让医生和患者有效匹配，就像买机票、订饭店一样轻松，化解紧张的医患关系。

说起看病，我想很多人都会觉得痛苦不堪。排队长、看病慢、费用高，如果换一家医院，所有病历统统作废，检查记录需要重新来一遍。所以，中国人都有个愿望，就是医生、律师、会计师成为自己最贴心的顾问，帮助自己管理身体、司法事务及财富。这是痴人说梦话吗？现在，美梦或许逐渐成真。

美国新创公司Kyruus正在搜集医疗领域数据，高效地匹配医生和病人。如果我们看看航运业、旅游业的做法，就很容易理解Kyruus在做什么事情。

更有效分配资源

我们预订机票、酒店时，能很方便地根据指定时间、地点、星级等找到合适目标，那为何不能用这种数据驱动方式寻找医生呢？瓶颈原来在数据的可获取性上。

Kyruus花费了大量精力探索多个数据系统，把所有与医生相关的数据整合在一起，包括预约系统、评价系统、索赔和账单数据。医生信息系统包括专科、语言、地点、电子邮件地址、最早可预约时间等。当我们近距离看这些数据时，会发现大家一方面感慨医疗资源不足，另一方面竟然有30%~40%的医生每天都有空档。通过Kyruus这个平台进行匹配，将大大减少医生的空档期，提高医疗效率。

波士顿和洛杉矶的一些医疗保险公司已经开始使用这一项服务，Kyruus采用对医生收费的赢利模式，包括首次数据采集发布费用及后续的月费。目前Kyruus平台只向医疗保险公司开放，但很快将直接面向病人。

仍未搜集到大部分数据

在上述例子中，我们看到Kyruus整合了医生的数据，但在医疗领域上，仍未搜集到大部分数据。例如哪位医生开了什么药给哪个病人、这个病人吃药后效果如何、这个病人以前的病历是否对药效有影响、不同的病人对不同药物的反应怎样、人的基因与药物测试结果的关系等。不同医生的诊断数据能否相互关联，形成一个庞大数据库，进而让机器从中学习，并找出最好、最有效的治疗方法呢？

试想一下还有多少专业领域正等待大数据去革新。越是看起来牢不可破的行业，就蕴藏着越大商机，当大家发现数据资源丰富（已数据化），但基于技术或组织原因而分散的行业，就值得立即对它革新。"关联"就是大数据的创新精神。

我相信人类正在加速这方面的发展，希望借助大数据的力量，打破和革新更多传统行业的服务壁垒，让人们过着更轻松、更幸福的生活。

应用个案：Kyruus

Kyruus是针对医疗领域提供的配对服务平台，2010年在美国成立。Kryuus主要的运作方式，是通过搜集医疗系统相关数据，包括医生的专业、语言、医院地点、可预约时间等，以及医院的预约、评价与账单等大量的数据，通过大数据系统"KyruusOneTM"整合、分析，采用对医师收费的方式，让患者能够更便利搜寻到预约及就诊信息，也提高转诊及调度的效率。

思考

如果你身处医疗相关产业，请思考大数据将为医疗业带来什么样的变革？对你的工作流程与绩效将产生什么样的改变？

1. 谷歌在2008年推出流感趋势预测，首开大数据应用到医疗领域的创举，你还有什么样的医疗+大数据创意？
2. 医疗数据庞大但属性复杂，分析处理相对困难，再加上分散且被视为机密，你认为该如何打破整合的藩篱？
3. 想一想，病历数据、临床实验数据、医疗文献之类的数据与资料，可以怎么协助你将你的工作做得更好？
4. 个人健康数据管理的穿戴式装置与App陆续出现，怎么应用这些个人信息可以让远程护理、老人护理等医疗服务更精进？

大数据颠覆人力资源业
学校就业率，就是你的就业率

> 茫茫人海何处寻千里马？新的职场星探看的是你毕业的学校，校友是不是毕业后有高就业率、薪资水平够高、朋友圈关系够广。

你希望在职场上弯道超车吗？别人用10年才成为总监，为何有人3年就达成？有人会说，当然了，这家伙是名校出身，或者说这人肯定是靠关系。21世纪了，居然还有不少人靠着感觉做事，就连号称职场"星探"的猎头公司也停滞不前，采取低效的人盯人战术，进行缺乏数据支持的广播式"寻人"，招聘高级职位的效果，难免不理想。

我们若把个人职场经历与公司发展关联起来，会有什么结果呢？不但能让企业知道什么样的人更适合某个职位，更有金融科技公司把这些数据作为股票市场的重要参考因素。

在《U.S. News》（美国新闻）的美国大学排名发布季节，榜单每天会吸引300万访问者。很多大学更为提升排名投入巨大精力，因为学生把学校排名视为选校最重要的参考数据之一。排名的评判标准综合了学术声望、教授资源、毕业率、退学率以至财政捐款情况等多方面因素，而这些数据则来自对学校及教授的小规模调研。

领英颠覆大学排名玩法

然而自 2014 年起，新的公司加入了这个领域，基于大数据建立排名，给出令人耳目一新的发现，引发业界热议。这家公司就是领英，其排名是根据毕业生就业情况，基于 3 亿用户的就职数据，从职场供需角度重新定义了传统的学校排名。

领英通过 3 亿用户的毕业院校与现在的就业情况数据进行分析，得出不同行业中各学校毕业生的从业人数、当前薪水及职位级别等，做出完全基于客观数据的排名。除了就业情况，职场朋友圈的关系及技能评估数据亦是亮点。因为在网络世界中，校友的推荐对职业生涯有非常重要的作用。虽然领英的排名目前仅仅覆盖美国 8 个专业，但基于大数据的可复制性、可规模化及可验证性，包括形成反馈数据的循环，让我们可以更适时地规划自己的学业及职业路径，领英就这样颠覆了传统大学的排名。

大数据告诉我们，我们所知道的"真相"未必是真的，尤其在我们还未发掘出新数据之前。就像近代考古学家发现了汉代马王堆出土的帛书《易经》之后，易学家的很多千年谜团就迎刃而解。所以我跟很多企业一再强调，要开始学会制定数据战略，把数据作为资产收集起来并加强开发和管理。因为数据作为无形资产是一种无边界的探索，有时远在天边，有时近在眼前，说不定哪一天你幡然醒悟，你曾经忽视的数据原来已成为了 21 世纪的新能源，用我曾经服务过的一家公司的口号来说，就是：We can't live without number（没有数据我们无法生存）。

应用个案：领英

领英是商务社交人脉网站。2003 年在美国加州成立，创办人为 PayPal（贝宝）前执行副总裁里德·霍夫曼（Reid Hoffman）。

相较于脸谱网、推特等一般社交网站，领英主打专业人脉网，使用者可以在网站上自己设定专属的履历，提供企业主搜寻。借助 3 亿以上用户的履历资料，领英得以搜集到各校毕业生的就业情形、薪资状况以及相关就职数据，颠覆传统学校排名，排列以就业状况为导向的全球大学排名数据。

思考

如果你身在人力资源相关产业，请思考大数据将为人力资源业带来什么样的变革？对你的工作流程与绩效将产生什么样的改变？

1. 过去履历是自己说了算，但在网络社交时代，人的价值应客观转由众人评价。除了履历表上的栏目外，还有哪些大数据可以帮助你做好工作？
2. 人力资源是一个与"人"高度相关的行业，如何让理性冷静的数据保有温暖感性的人性？
3. 想一想，大数据可以怎么协助你，不只帮求职者找到一个工作，还能找到最适合自己的发展方向？
4. 人才需求企业想要的，是企业最佳人才模型，及预测员工流动趋势。你还可以通过大数据提供什么更进一步的服务？

大数据颠覆影视业

下一部《纸牌屋》，演员阵容在哪里？

> 电影如何选择最卖座的演员？连续剧哪种桥段才受欢迎？一家人周末午后适合看什么节目？抛开大腕崇拜和侥幸心态，大数据成了最新风向标。

在大数据思考的方法中，学会摆脱惯性思维很重要，当你尚未找到那一条关键的线索之前，你会觉得问题很难解决。在无尽的数据中，哪一个才是解决问题的金钥匙呢？我有个朋友曾经遇到一个难题，就是如何决定一部新出品电影的放映档期，包括日期、场次等，这就需要对这部电影的票房有非常准确的预测。

以往，新电影的票房都是根据过去类似电影的票房来估计的，准确度不算理想。对此，大数据会有帮助吗？于是，我的朋友研究一段时间后找到一个方法，把准确率从约60%提升到约80%，其中的金钥匙就是片花（片场花絮）。

通过分析新电影的预告片在各视频网站的浏览量、浏览时长、浏览人群及这些人群所属的地区等数据，来预测这部电影的最终票房表现。你可能会说电影投资周期这么长，有办法在未开拍电影前就提早预测吗？清华大学有一位教授，他用 5 年时间从好莱坞所有的制片人、导演及演员之间的合作关系中，得出了如何做一部高票房的电影的数据透视。这两个例子都告诉我们，过去我们梦寐以求却不可能知道的东西，现在在大数据世界里都能变得有答案。

针对观众定制新视频

关于数据在视频制作上的应用，我们发现最近美国有家公司也在做类似的事情，就是利用数据来挖掘新的视频内容。这家公司名为 Tubular，是一家专注于视频分析和市场推广的公司，自称为 Video Intelligence（视频智能）。该公司跟踪收集视频、视频的制作者和观众以及相关讨论的大量数据，并从中提取大量信息。目前 Tubular 追踪 34 个平台上的视频，包括脸谱网、Periscope、Meerkat 等，收集的数据包括观看和分享的次数、相关的讨论内容、用户参与的深度等。

一个典型的成功案例是这样的，客户希望知道如何在家庭和园艺视频类节目里，吸引 2000 年后出生的用户群。Tubular 通过数据分析，发现这一代人在园艺类节目中最感兴趣的是 DIY（自己动手），从而建议创作一个关于园艺 DIY 的频道。

HGTV（美国家园频道）据此建议创造了 HGTV Handmade 网络，并在 1 年里获得精准的观众。同时，希望通过视频进行品牌推广的企业，可以根据视频制作者数据库，从大量视频制作者中找到自己感兴趣的人，对他们进行评估并与之合作。

在不久的将来，我们就会看到智能电视的出现，这将再一次颠覆视频制作领域。因为智能电视每隔 30 秒就能收集观众观看电视节目的情况，包括他们看了什么、什么时候看的、看了多长时间等，并通过这些数据为他们量身定制其喜欢的节目。

未来，或许我们不再需要费劲地去找想看的节目，而是家里的智能电视会告诉我们今天有哪个节目适合我们一家人欣赏。数据为节目的制作打开了一个全新的局面，我们完全可以期待从上亿台电视收集到的用户、内容、渠道及制作者之间的深度关联数据，将会成为创新浪潮的一股核心力量。

应用个案：Tubular

当收视习惯逐渐移转至网络上时，网络视频网站，也可以通过数据分析，了解观众的喜好，而 Tubular 便是一家提供相关分析数据的公司。

收视率是一个节目是否受欢迎、广告商是否愿意做广告的依据，但受众精不精准，是个问号。"Tubular is the future of online video"（Tubular 是未来的在线视频模式），Tubular 锁定脸谱网、Vine、YouTube、Instagram（照片墙）等热门平台，通过数据，分析视频的受众，搜集相关的评论内容等数据，让提供视频的使用者，能够设定"有效果"的影片关键词，顺利将影片分享给目标受众，达到精准营销效果。

思考

如果你身在影视相关产业，请思考大数据将为影视业带来什么样的变革？对你的工作流程与绩效将产生什么样的改变？

1. 除了前期的作品开发、剧本制作，中期的发行评估、剧本分析，以及后期的票房统计、演员及广告价值检测分析等，想一想，大数据还可以帮你"算"什么？
2. 除了订户的收视行为分析、社交网站热度的追踪，还有哪些大数据是你可以运用在工作上的？
3. 思考一下，大数据算出来的网飞自制影集《纸牌屋》、郭敬明小说改编电影《小时代》大红，但同样依据大数据拍摄的许鞍华电影《黄金时代》却惨败，关键差别何在？
4. 影视业是一个依赖创造力与想象力的产业，运用大数据掌握大众需求，如何才不会赢了票房却输了口碑？

大数据颠覆游戏业
玩家数据，是营销利器吗？

> 封测、内测、公测，这样游戏上市才会受欢迎？建立分析模型衡量预期结果，进行产品设计、改进、升级，甚至个性化定制，你也能成为第二个《愤怒的小鸟》。

大数据能为公司带来什么好处？这是我在面对传统企业时被问得最多的问题。当然我会解释大数据和数据化管理不是同一件事，公司若认同数据化管理有利于经营，下一个问题便是如何开展。我的经验是管理层的决心最为关键，员工心态及建立工具是过程，下面我想给大家看一家游戏公司的例子。

Zynga成立于2007年，表面上是社交游戏公司，却更被认为是乔装成游戏公司的数据分析公司。该公司成立的第一天，就确定了数据驱动的地位。当时还没有一家分析公司能满足他们的分析计算需求，他们为此建立了自己的分析基础架构。

Zynga收集游戏中的一切数据，一天约有400亿到600亿条数据，并全部结构化。该公司数据文化的一个典型体现，是所有员工都可以接触到所有数据。从加入Zynga的第一天起，员工就能通过可视化工具看到所有数据报告。产品经理可以看到其他任何产品的相关数据，从产品总况、产品细节到产品中每一个动作的分析统计，这些数据完全透明，通过这种方式造就了数据驱动的公司文化。他们基于数据深入理解玩家（新老用户不一样）的行为，喜欢什么、不喜欢什么，基于这些分析结果进行产品设计、改进、升级，甚至基于玩家风格进行游戏的个性化。

依分析促销的策略未必成功

Zynga于多年前开始做的产品分析，也是今天众多拥有移动应用的主流公司需要学习的。首先，在产品发布前，建立分析模型来衡量预期结果。

Zynga推出任何游戏之前，都会为游戏的表现建立分析模型。模型通过产品的特征，预测游戏的重要指标，如每天的安装、卸载、发布一天后的留存率、活跃用户每天产生的营收等。产品团队以这些模型作为基础来改进游戏，同时也作为衡量游戏表现的标准。

关键的地方是，目标明确不代表要追逐短期利益，而牺牲长期可持续增长的机会。例如数据可能证明促销手段极大地促进了营收，能转化更多的用户。然而之后用户开始期待促销，未来只有通过更大幅度、更频繁的促销才能带来营收增长，促销开始变得越来越没有效果，最终证明这个销售策略是失败的。

作为一家数据驱动的公司，不要让数据统治你的世界。上面的促销例子证明，单单追逐数字可能导致错误的决策。尽管通过数据分析获得了巨大的成功，但同时我们也要反思，过度聚焦在可量化的指标上，可能会忽视那些不能量化却非常重要的因素。数据驱动的同时，需要保持开放，勇于去做一些非数据驱动，如直觉驱动的决策。

应用个案：Zynga

Zynga社交游戏开发服务公司，2007年在美国加州成立，主要开发脸谱网等社交平台上的网页游戏，以及iOS（苹果公司移动操作系统）、Android（安卓）等手机游戏，知名游戏产品包括《开心农场》《Draw Something》等。

通过搜集分析众多游戏产品的数据，Zynga在推出游戏前，会先通过大数据资源库预测新款游戏的留存率、活跃用户及营收等数据，推出后再进一步搜集相关资料来改进游戏。

思考

如果你身在游戏相关产业，请思考大数据将为游戏业带来什么样的变革？对你的工作流程与绩效将产生什么样的改变？

1. 游戏产业缺乏保证性和延续性，今天这个游戏有千万用户，但下一个游戏也许只有几万下载量，想想大数据可以帮你什么忙？

2. 想要读懂玩家的心，不能再凭经验和直觉去设计游戏，你需要了解玩家的喜好，哪些数据可以帮你达成这样的目标？

3. 网络上玩家的基本数据真实性不高，加上隐私权问题，该如何收集数据才能不走冤枉路，并提升游戏的用户满意度？

4. 玩家流失的原因很多，有人玩腻了，有人觉得太无聊，又有人觉得太难，想一想第1章的"NES模型水位图"（图1-8、图1-9、图1-11、图1-12）可以怎么帮助你留住顾客？

大数据颠覆农业
种菜卖菜，先看数字怎么说

> 农民只能看天吃饭？通过分析土壤条件、气候及作物成长速度，大数据给农民最准确信息，让他们知道怎么种得更好、产出更多、销得最佳。

最近很多中国台湾的朋友和中国大陆的朋友都不断问我，传统企业需要数据化吗？我的答案是：数据化是传统企业的生死问题，而不是创新问题。未来，每个人都是"数据人"，每天都制造很多数据，我们可以说这个时代是全民数据的时代。企业若无法在这样的时代使用数据去驱动自己的业务，会是一件很严重的事情。也有人说数据是一场风暴，不可以选择视而不见。

前阵子我回到香港，有机会参观一个有机农场。农场的老板问我："农业能数据化吗？"我回答："当然可以。其实IBM（国际商业机器公司）在这个领域已经研究很多年了，而且其中有些东西已经相对成熟。可能你都没有想过，在美国的一些农场或菜园，他们对农产品种植已近乎实时监控了。"

古老农业也受惠

他们可以用无人飞机在农场上低空飞行,以收集整个农场里每个角落的情况,并实时分析改善方案。甚至对天气的预报范围精细度,已可细致到每一条街所受到的天气影响,例如降水量有多少。

其实影响种植的主要因素,不外乎泥土、阳光、水分和肥料,所以农业种植完全是个可以用数据进行优化的行业。需要多少水分、多少肥料、什么泥土以及最好种植什么,这在美国的大数据中已经研究多年。

可能你会觉得,农业是个很古老的行业,但你没想过,这个古老的行业居然可以用大数据来协助种植。最后我问了有机农场的负责人一个我常问的问题:"你是怎么决定种什么的?"不出所料,答案是自己随意决定的。可是,随意决定和赌博有什么不一样呢?若我是根据市场的需要来决定种什么,并用量化的指标来指导我种得更好、产出更快,那么,这就是数据化运营。

当然,我的说法对香港现在的农业来讲,可能还是比较匪夷所思的,但在美国和澳大利亚,数据化种植可能很快就成为常态了。在美国,有一个专门的词语,叫作精准农业(Precision Agriculture),在寸土寸金的香港,如果不做精准农业,又怎么会赚钱?

我跟农场老板闲聊时,还发现一个很有意思的地方。

我问老板："每天不同类别蔬菜的供应量有多少？有没有每天的批发价和零售价数据？每天倒掉的菜，都是什么菜？"若能够提供给我这些数据，我便可用数据产品帮香港农民找出种什么菜会对他们比较有利。这就是如何给零散的需求匹配上柔性的供应，数据化如何促进二者结合，从而降低企业成本消耗，提升利润。

应用个案：Monsanto

跨国农业公司Monsanto（孟山都公司），在2013年斥资9.3亿美元买下数据公司ClimateCorp（意外天气保险公司），取得分析气温、雨量、土壤、种子和虫害的资料。

利用大数据，Monsanto能为农民提供切实可行的建议，指导他们如何降低风险、提高产量和增加利润。Monsanto不仅可以向客户推荐利润率最高的作物品种，还能就购买种子、种植时间、作物照料、收割时间、预计产量，甚至是每一季的预期收入，为农民提供建议，让精准农业得以实现。

思考

如果你身处农业相关产业，请思考大数据将为农业带来什么样的变革？对你的工作流程与绩效将产生什么样的改变？

1. 想想看，生产过程管理数据、农产品安全管理数据、植物基因图谱、当地天气变化等数据与信息，能如何帮你把工作做得更好？
2. 过去传统农业靠天吃饭，技术依靠经验传承，无法有效提升产能、稳定质量，如何通过运用大数据，以更科学、更精准、更有效的方式来经营管理农业？

3. 适时、适地、适种很重要，如何善用智能工具及App，随时掌握天气变化、市场供需、农作物生长等状况？

4. 结合物联网、云端产品与运算，对于农业＋大数据，你还有什么样的新创意？

对于大数据未来趋势的判断
车品觉

光阴荏苒，2015年在风风雨雨中成了过去式，对于大数据的产业来说过去这一年冒出了很多新的名词。但在我看来，真正的大数据应用和市场才刚刚开始萌芽，所以我希望大家先认清一个关键，那就是所有的数据都是基于应用而产生，而数据经过采集及整合后又再落实到自身或其他应用情境中，大数据的创新价值可以来自新连接的数据、算法或者产品本身。

过去两年大数据的成长和智能手机的使用有着紧密的关系——智能手机发挥了集媒体、通信、社交及传感器于一体的优势。同时物联网的浪潮又正在酝酿之中，线上与线下的结合带来了更深度的数据关联，触碰到消费者的全渠道行为收集，在一波接着一波的趋势浪潮下，很多人问："未来大数据的趋势会是怎样的？"一般来说，这种问题我可以有很多不同的猜想与观点，但是认真想想，与其给出我的答案案不如交代一下我思考趋势的逻辑，你们不是更能够对照自己所属的行业去挖掘真正有价值的趋势吗？所以我期待这篇文章不是帮各位读者捕鱼，而是给各位一根钓竿并传授钓鱼的知识，让你们有能力在趋势大海中猎捕属于你的大数据观点。

变是唯一的不变（Change is the only constant）

说到趋势，人们往往习惯对改变的现象做观察，但是如果当我们把视野格局放大，在大数据的长期发展趋势中，找出变化的本质，反倒是让我们更容易看清楚动向，所以从这个角度出发，我至少可以看到未来的 2~3 年，有几项已经存在的现况正在过渡中：

1. 应用无线化；
2. 信息数据化；
3. 交易无纸化；
4. 人类智能化；
5. 决策实时化；
6. 线下线上化。

上述这些趋势不用赘述，其实已经是我们现在生活的一部分了：应用无线化提供了更大的便利性与移动性，让终端设备与资料采集的作业可以更有弹性而有效率；信息数据化则是让信息的流通、交换、加工、运用更趋标准及结构。DT（数据处理技术）时代数据的应用变得更即时直接；

交易无纸化则是彻底改变了我们的交易行为与资金流，并赋予未来微经济商业模式更多创新思考的可能性；人类智能化则是描绘大数据所产生的创新价值如何与人类交互并深入于生活之中，人的思维与新科技将会发生前所未有的碰撞。人机协作是个新的机遇。决策实时化通过大数据实时采集及加工改变了决策与信息关系。过去的世界我们假设数据不能低成本获取，决策的实时性和精确性难以达到要求。最后我们谈到线下线上化，也就是最近大家一直在谈论的全渠道问题，未来仍将是呈现线下更多地运用线上数据的趋势，未来线上与线下将连接在一起不能分割。

这些本质上的转变会持续好几年，上述这6个观察会在各自的体系内深化发展与创新，但大数据的发展趋势却会走向两个方向，首先是其价值体现会落地于各行业当中，数据技术会成为各行各业的优化工具或产生颠覆性创新。其次是大数据本身的发展也会自我颠覆，数据的采集、更新、识别、关联将会变得越来越自动化。落后者将会被超越与淘汰。

大数据创新循环链——跳出惰性的乘法思维

每一个理论的产生都是为了让我们更容易解释各种现象。趋势的变化可能会因商业与政策背景的不同而有不同形式的呈现，但是背后的原则或者说是脉络应该要能够经得起反复检验。所以我试着用一种所谓的大数据生态的循环链来描述这个趋势。

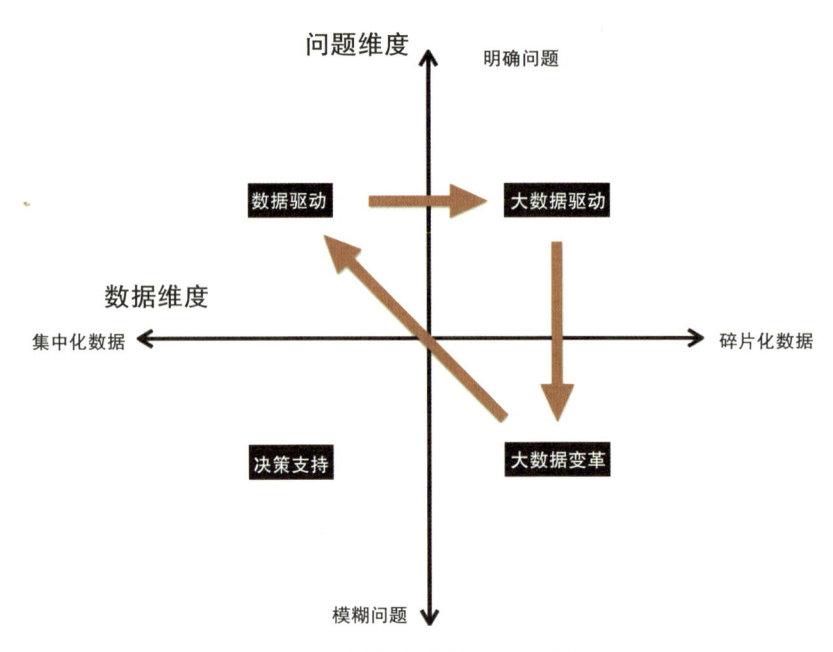

图 1　大数据创新循环示意图

　　上面这张图所定义的两个维度恰恰是我前面一再提到的观念，大数据是被需求所驱动的，而需求来自于对现有已知或未知问题的解决，所以在纵轴上我将问题区分为明确的问题以及模糊或是复杂的问题，这表达了在应用大数据前，我们究竟是否清楚要解决的问题是什么；而横轴则是定义大数据在原料端的呈现形式，一端是条理清楚的集中化数据而另一端则是结构模糊的碎片化数据。

　　在了解了基本定义后，我就可以用这张图来阐述大数据趋势的发展。首先，所有的数据应用都是从第二象限的"数据驱动"开始，这部分的数据集中而且要解决的问题很明确，已经可以开始运用数据来优化我们的决策，在这个阶段可以观察到人类的惰性，以至于没办法把数据作为他们的核心竞争力，毕竟这些人手边不是没有数据，而是不知道或是没有很积极地用来解决问题，所以通过数据驱动让这些人练习把手边的数据用起来，尝试去解决一些老问题。

然后随着数据不断地快速增加，很多碎片化的数据或其他人冗余的数据开始加入，这个时期我们可以开始称之为"大数据驱动"，开始能够应用自身以外、来自于第三方的冗余数据来解决自身的问题，这是判断是否进入大数据应用领域的重要标准，然而这个阶段面临的挑战，是来自决策者过去的习惯以及数据人的惰性，首先我们要了解在第一和第二阶段，数据处理所需要的能力是很不一样的，因为这个阶段的数据零散性要求我们在收集不同数据和加工数据时有一套新的方法，这也是为什么在第二阶段，很多时候我们只听人家讲，但没什么产出。因为处在这个阶段的人是两边都不习惯的人。商业的人说我不习惯用数据做决策，数据的人说我们也不习惯用很零散的数据来稳定地来解决一个问题。

从第一个阶段到第二个阶段，我认为还是一种加法类型的演进，也可以称之为连续性创新，只是让之前既有的东西做得更好，而且是基于以往的经验叠加上去的，但是到了第三个阶段的"大数据变革"，我们将面对模糊的问题、碎片的数据，过去我们不太习惯还不清楚问题的时候，就使用数据来找出问题所在，因为这个时候，我们往往会陷入一种矛盾，因为数据零散、乱、没标准、没规范，问题也不清楚，究竟该怎么办呢？毕竟两者都超出了过去人类的习惯与经验法则，但这里恰恰就是人类未来要变革的地方；不同于前两个阶段的加法逻辑，第三阶段开启的是一种乘法的思维，通过模糊问题与碎片资料的碰撞，我们将会看见新的问题与新的机会，我认为这部分才是大数据真正的价值所在。

最后我想强调的一点是，这几个阶段不是一个线性的延展，而是一个滚动的闭环，因为第三阶段碰撞出来的问题与机会，经过系统化的验证与标准化后，他所需要的数据源以及能够解决的问题也会逐渐稳定下来，形成一种新的服务或方案，于是就会再次归回到数据驱动的解决层次，也正因为这种特性，我才定义这是一种大数据的创新循环链。

趋势里面的观战重点

前面讲了趋势的架构和思考方法，最后我还是忍不住要跟读者们分享几个独门观点，让各位在各自行业中观察大数据趋势的时候能够很快抓住重点，让各位不光是跟着看热闹，还能从中看出创新商机的门道。

数据安全

2015年数据安全事件频繁发生，随着全球各个国家开始采用新的数据安全技术和新的数据保护法律，2016年对数据安全的监督要求将会变得越来越严格。大家对个人隐私的保护比商业机密的保护更为关注，已经到了没有一个政府或企业不关注的时候。但是数据安全背后代表的是数据开放的风险与疑虑，没有办法有效管控数据风险并建立个人对数据的信任感，就会对正在发展中的大数据产业形成一种阻碍。

个人的隐私、公司机密乃至于国家和国家之间的数据保护，都将会是2016年的趋势，当数据成为商业重要且关键的资产时，像"首席数据隐私官"这样的职业可能会应运而生，或许很多人会觉得匪夷所思，但是我相信到了2016年，很多拥有大量数据的公司都将把"首席数据隐私官"视为一个重要而关键的角色。

分析的简化与外包

讲数据分析工作的外包其实是一个概念上的举例，其实我要谈的是大数据背后将会形成的产业链分工，这是一个值得大家关注的发展趋势。随着大数据应用的落地，很少有哪一个企业可以独立完成原始资料采集、加工、分析乃至于落地应用的完整程序。这背后代表的是未来将会在不同的数据处理阶段，都有机会发展出专门的技术公司协助企业完成大数据实务应用前的准备工作。

回想我们前面提到的"大数据创新循环链"的概念，每一次的大数据变革阶段都会激荡出新的问题与机会，当这些新的问题开始聚焦，同时对应的数据源也趋于集中的时候，就代表一个新的产业链机会随之产生。这些中间层的服务与创新对于大数据产业的发展将起到至关重要的作用，同时本身也蕴藏了巨大的商机。

政府的数据态度

从整个数据的地图来看，政府其实是拥有最多数据的"财主"。因为政府锁定了很多公共服务领域的关键数据源，是公共数据开放的大资源，也是大数据驱动的一把金钥匙。政府的数据涵盖能源、金融、交通、治安、医疗、环境、食品等——所有的数据都是相对集中又非常重要的。

所以，政府数据的开放是促成一个产业创新的催化剂，这背后也代表着政府大数据政策对整体数据产业的发展有多么重要，2016年我们可以观察政府对于公共数据开放的态度，而各个行业也可以跟着政府数据政策的脚步开始尝试进入大数据驱动乃至于大数据变革的第三阶段。

多屏时代

过去的两三年，我们看到个人电脑被手机颠覆了。但手机会被颠覆吗？

我可以预见未来有两个新的屏会出现：一是智能电视，二是物联网汽车。智能电视是你家里的屏，收集你看节目的数据和推荐你喜欢的节目形成了天然的数据闭环；物联网汽车则是第二个非常关键的屏，将来所有汽车的内部都会像特斯拉一样，一个大屏会控制汽车中的每个部分、记录汽车行驶中的各种数据，因此产生信息的流动。

如果你问我会不会有第三甚至第四个屏出现，最近爱立信公司针对全球 40 个国家、10 万名消费者进行了一项未来载体的调查，研究结果显示超过一半的受访者都认为智能型手机将会在 5 年后被淘汰，取而代之的是具备人工智能功能的新设备。但是对我来说，我的观察很简单，就是从两个层次的分配来思考这个问题：时间分配和载体分配，因为人在不同的时间段会因为当时的环境状态而对不同的设备有不同程度的依赖。在家的时候，对于智能电视的依赖就会比手机高些；当我们离开家往下一个目的地移动的时候，在大众工具上我们需要的是手机，但是如果是自己开车，车用导航或是行车电脑的屏幕就会成为主要的关注。

所以说实话，我不太在意 5 年后我们拿在手上那块屏幕是否仍被称为手机，因为我更在意的是人如何与那块屏幕互动，以及互动的过程中我们如何采集到有价值的数据，并进一步对使用者的日常生活做出回馈，进行优化。

数据行业化

所有大数据的落地点都是在行业内的。过去我们看到受互联网影响比较大的行业必然容易数据化，已经萌芽的有金融、医疗、电商等行业。下一步的大数据应该是不同的领域各自发展，不会有一个全盘通吃的方案转移成为每一个领域的解决方案，零售、医疗、教育、金融等行业，都会受到中国互联网+的带动而发展。这是对等的，因为很多小公司起步，产生了很多小数据，这是一个从0到1，然后整合碎片化的数据，再到积累大量数据的三个过程，这三个过程的时间点加上不同的应用，铸就了行业大数据。

另外一方面我们可以观察到大数据未来将会从过去的浅层连接转变为深层连接，从大数据由浅而深的演变中我们可以观察到，以往大家在看网络的时候，都习惯以行业为出发点开始思考网络数据可以帮我们做些什么；但是到了互联网和大数据的时代，是做出些颠覆性的改变的时候了，尝试以网络数据为出发点切入思考，再把行业的思维放进来碰撞，看看可以碰撞出什么样的创新思维，就好比优步（Uber）、空中食宿（Airbnb）都颠覆以往行业运用网络的概念，这种思考与创新的方式才能将跨行业的东西提炼出来。

提到行业，我就简单介绍几个比较显著的发展，试着看看未来行业怎么看见中间层的机会，然后从中看到新的问题与创新机会点。

金融与保险

如果要我用一字道尽金融在大数据时代的机会点，那就是"微"。过去很多的创新都被技术和数据的能力所限制，未来数据的采集、加工和应用都将实现个人化的价值，将会激发很多的金融商业模式，动态的意义一方面体现在对于金融保险体系里面的客户掌握：以往个人信用评比往往无法有效率地反映最新的个人信用风险，导致银行或是保险公司不能够提供最符合顾客需求和利益的服务；另外一方面要解决服务合理性的问题，也就是当客户使用服务的时候才向其收取费用。

举一个汽车保险的例子来说明上述两种动态所代表的价值，以往我们对于汽车保险的保费设定是基于客户以往的驾驶肇事记录来调整保费费率，背后所代表的意义是这个汽车保险的游戏规则维系在这个投保车主的驾驶安全行为上，但是认真想想，肇事记录已经是一个相对落后的事实指标，在大数据时代难道没有更动态的数据可以来预测危险驾驶的风险吗？当然有，而且来源还不止一个，未来的汽车都会像特斯拉一样，通过车上的传感器记录这个驾驶员怎么踩油门（比方说习惯性地紧急刹车就反映出一种危险驾驶的信号）、换道的时候是否打转向灯以及多频繁地按喇叭，这些信息都可以反映出这个驾驶员是否有安全的驾驶习惯，同时如果我们再把这个驾驶的行车路线数据与政府公布的危险肇事路段的数据对比，就可以知道这辆车每天上下班的路线是属于怎样的安全等级，综合以上这两类数据，即便没有肇事记录，保险公司都能根据这些数据来动态调整对这辆车的风险评比，并随时机动地调整保费的费率（动态费率）。

同样地，如果车险是为了确保用车人在驾驶期间的风险，那通过车辆的传感器，我可以清楚地知道这辆车有多少时间是停在车库，又有多少时间是在被使用的状态，所以保费的计费也是根据车辆实际承受风险的时间来向客户收费，这也就实现了前面所提到的动态计价（Pay As You Use/Pay As You Go）。

医疗

医疗当前所面临的最大问题就是数据不整合，明明是我自己的病历，但我在A医院却拿不到之前在B医院的病历。另一个大问题是中国人口老龄化问题严重导致在医疗费用上的负担沉重，只要一生大病就没钱买药就医。如何降低医疗成本，减少滥用资源和药物的成本，才能减轻政府负担，让资源真正分配给需要的人，是一个需要考虑的问题。

美国福特公司的30万员工，每年享有30亿美元的医疗保险预算，但这笔钱过去只有一个人在管，1997年福特采用它们第一个数据应用，分析之后发现竟然有人150岁还在领医疗保险，以及有人一年领两次怀孕补助等不合理的状况，这些都是无谓的资源浪费，但如果不通过数据分析可能永远也不会发现这样的谬误。

医疗是一个连续性的行为，一个人从健康、亚健康到疾病的阶段都不是突发的，背后都有遗传或是生活饮食习惯的脉络可循，医疗数据的互通还可以了解疾病和疾病间的关系，很多疾病的危险信号常常是因为信息互相不通而忽略问题，没办法在第一时间察觉因而延误治疗。美国就曾经通过传染病传播数据预估要生产多少疫苗以及各区疫苗使用状况，给予疾病防治极大的帮助。

零售

对零售业来说最重要的,就是如何用数据把供应与零散的需求做匹配。知道客户心里面要什么,让客户最快找到想要的东西,给客户最好的价格,让客户用客户最方便的方式付款,在刚好的时间送达,就会是赢家;而从供应方来看怎么可以满足消费者,想用最小的库存、最快的方法、最合理的利润率来服务顾客,供应链的处理怎样可以变得更好,怎样减少成本浪费。

以数据驱动为基础的线上零售已经发展十几年了,但线下将来会出现什么情况?其实当通信系统逐渐成熟,拿着手机,处处都能发挥大数据的连接能力,时刻都是机会点。大家都不会特意开个应用程序来购物,就算线上再发达,某些时候线上并不是最方便的渠道,因此改善零售用户的体验形态就是全渠道,对零售业来说,最好是线上线下都能覆盖,只有线上的应用程序是不够的,最好连线下的渠道都能覆盖,不然很容易就被别人弯道超车了,所以全渠道的打通和合作策略是零售业在2016年要关注的第一个重点。

接下来我想来谈谈"推荐"。现代人可在同一时间享受多种服务,浏览多种产品信息,但是有几十万个跟你有关的商品摊在你的眼皮底下,你要怎么选择?人主观上都是希望自己可以选择,但有这么多选择的时候,选择本身反而变成了一种负担,所以未来的"推荐"应该是处于"优选"与"逛"之间。大数据让手机变成个人消费助理,不断跟着你走,也不断领着你走,就会在商家和消费之间形成一个媒介。

最后要跟大家聊的是零售业根本的"生产"问题。数据是不是可以成为产品创新和改良的依据,从设计到生产、包装、销售、售后的过程中观察与不断优化,最终能够生产出符合现在消费市场顾客需求的商品。虽然是老话一句,但是还是不得不在此重申一次:"大数据时代对零售业来说不是一个单纯的转型问题,而是一个攸关存亡的问题。"

走出大数据和小数据的迷思

拉拉杂杂地谈了许多大数据的趋势和观点,最后用一个思考性的问题来作为这次趋势文章的总结,因为每次讲到大数据,大家总是喜欢在数据大小这件事情上面争论不休,但数据的大或小对我们的意义究竟是什么?

简单来说我们可以认为是数据收集从量到质的转变,因为越来越多公司意识到他们收集的大部分数据除了占据存储空间外,并没有发挥太多作用,所以慢慢地,企业在决定要收集哪些数据的时候,越来越没有以前那么粗放,不再像过去那样,只要觉得数据可能有用就先收集。过去来讲,我们把太多的注意力放在大数据本身,所以忽略了一个根本的问题,就是有稳定的数据提供给你时,你会用它来解决问题吗?当集中的小数据还未利用起来的时候,可能是你对问题、商业的理解还不够透彻,因此很多大企业理解了这个之后,不会再迷信大数据,而是更踏实地收集一些对解决他当前问题有用的数据。从 2016 年开始大家对大数据的态度会变得更谨慎，而且会走到专业领域。

跨进 2016 年，别再斤斤计较于大数据的词义，反倒是怎么样看对问题、看懂问题然后试着通过数据的思考与落地实践才是该认真思考的下一步，所以到了 2016 年底别再问我下年的大数据趋势，因为如果行业里的每个人这一刻不开始动手，讲再多的趋势，听起来也就是像路边的算命先生一般信口开河。